KB235905

청소년 경제 수첩

세상이 보이는 지식

청소년 경제 수첩

크리스티아네 오퍼만 · 한대희 지음 | 신홍민 옮김

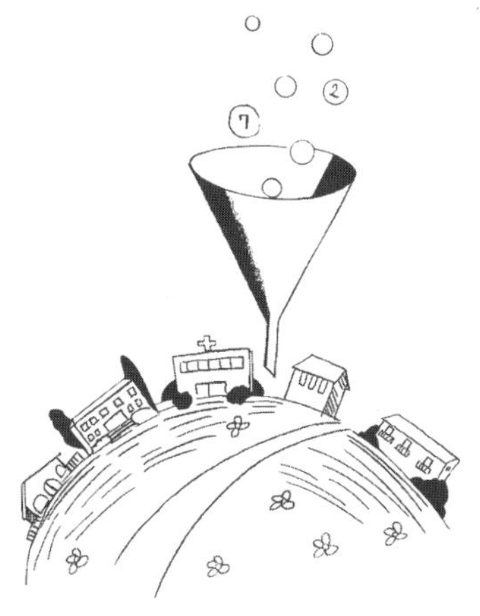

양철북

청소년과 어린이를 대상으로 하는 경제 관련 책들이 많이 나오고 있지만, 그 가운데 상당수가 '부자들의 성공담'이나 '재테크 방법' 등을 다룬 것들이다. 물론 열심히 노력하고 창의적으로 생각해서 돈을 많이 버는 것을 나쁘다고 할 수는 없다. 오히려 그럴 수만 있다면 더할 나위 없이 좋을 것이다. 하지만 현실에는 성공 신화에 가려 보이지 않는 아픔도 많이 있다.

실제로 2000년대 초반에 벤처 창업의 성공 신화가 나타나고, 주식과 부동산으로 많은 사람들이 큰돈을 벌었다고 하던 무렵, 다른 한편에서는 수많은 신용불량자들이 속출하고 있었다. 그리고 이들 가운데 상당수는 20대 초반의 청년들이었다. 그러자 새삼 어릴 때부터 스스로 용돈을 관리하면서 형편에 맞게 소비하는 습관을 길러주어야 하고, 학교에서 경제교육을 더욱 강화해야 한다는 이야기가 나오기 시작했다.

그러나 여전히 수업 시간에 배우는 경제는 딱딱하고 어려운 용어와 이론들로 가득 차 있다. 그래서 청소년들은 이러한 경제가 자신과 관련이 있는 것이라고 생각하기 어렵다. 또한 매일 접하게 되는 뉴스나 어른들의 대화를 통해 듣게 되는 수많은 경제문제들에 대해 설명해주는 곳을 찾기도 어렵다. 하지만 우리의 삶과 경제의 연관성은 갈수록 더 밀접해지고 있고, 세상의 거의 모든 문제에 대해 자세히 살펴보면, 거기에는 항상 경제문제가 놓여 있다.

《청소년 경제 수첩》은 일상생활과 경제의 관계, 그리고 사람들의 입에 항상 오르내리는 경제문제들을 알기 쉽게 설명한 책이다. 우리 생활과 경제가 어떤 관련을 맺고 있는지, 또 매일 듣게 되는 수많은 경제문제들은 왜 일어나는지를 이해하는 데 도움이 될 것이다.

이 책은 크리스티아네 오퍼만의 《Nachgefragt: Wirtschaft》를 바탕으로 우리나라의 실정에 맞게 다시 쓴 책이다. 이 과정에서 많은 항목들이 추가되거나 조정되었고, 내용들도 달라졌다. 독일어판의 번역은 신홍민 선생님께서 맡아주셨다. 이 자리를 통해 다시 한 번 감사의 말씀을 드린다.

한대희

기업경제, 국민경제, 시장경제, 경제위기, 경제성장, 경제정책……. 경제 (Wirtschaft)가 들어가는 말이 너무나 많아서 경제에 대해 생각할 때면 머리가 어지러울 지경이다. 그래서 빨리 가까운 간이음식점(독일어 'Wirtschaft'에는 '경제'라는 뜻 말고도 '간이음식점'이라는 뜻도 있다—옮긴이)에 들어가 시원하게 콜라나 한 잔 마셨으면 좋겠다고 생각한다. 이때 'Wirtschaft'는 다른 의미로 쓰인 말이지만, 어쨌든 우리가 콜라를 마시는 것도 경제의 한 단면이라고 할 수 있다.

실제로 우리는 가는 곳마다, 그리고 항상 경제와 마주친다. 콜라는 하늘에서 비처럼 내리는 것이 아니라 돈을 내고 사서 마셔야 한다. 텔레비전은 나무에서 열리는 것이 아니며, 휴대전화는 암탉이 낳아주는 것이 아니다. 이것들은 경제활동을 하는 기업에서 생산하고, 가게에서 판매한다. 그리고 기업뿐만 아니라 소비자와 국가도 늘 이러한 경제활동을 하고 있다.

경제가 우리의 일상에 어느 정도나 관여하고 있는지 생각해보면, 그야말로 머리가 핑핑 돌 지경이다. 결국 경제적인 여러 관계가 우리의 삶을 규정하고 있다고 해도 과언이 아니다. 전 세계적으로, 그리고 24시간 내내, 경제에서 벗어날 수 있는 사람은 아무도 없다.

먹고, 입고, 자고, 쉬고, 일하는 우리의 모든 생활은 경제와 관련이 있다. 우리는 늘 무엇인가 경제적인 관계에 부딪히게 되고, 그래서 '경제'라는 말은 언제라도 모든 사람들의 입 안을 맴돌다가 튀어나오곤 한다. 그런데 경제에 대해 말하면서도 정작 자기가 무슨 말을 하고 있는지를 정확하게 알고 있는 사람은 많지 않다.

'경쟁은 어떻게 이루어지는가?' '시장이란 무엇인가?' '상품과 서비스의 분배는 어떻게 이루어지는가?' '은행은 어떤 역할을 하는가?' '주식시장에서는 무슨 일이 벌어지는가?' '정부의 경제정책들은 어떤 의미를 갖는 것인가?' 이 책은 경제의 이러한 다양한 측면들에 대해 모두 다루고 있다. 결국 경제는 우리 모두의 삶과 늘 직접적인 관계를 맺고 있기 때문이다.

크리스티아네 오퍼만

차례

1장

생산과 소비의 경제

경제란 무엇인가?

세상의 많은 문제들이 경제 탓이라고 한다. 즉, 세상살이의 중심에는 늘 경제문제가 놓여 있다. 경제는 성장한다고 하다가도 침체에 빠졌다고도 하고, 번창하고 있다고 하다가도 위축되었다고 한다. 한창 붐을 일으키더니 심지어는 붕괴되었다고도 한다. 그런데 도대체 경제란 무엇일까?

경제는 영어로 '이코노미(economy)'이다. 이 말은 그리스어 '오이코스(oikos, 집)'와 '노미아(nomia, 관리하다)'를 합친 말인 '오이코노미아(oikonomia, 집안 살림 관리)'에서 유래한다. 우리가 쓰는 '경제'라는 말은 '경세제민(經世濟民)', 즉 '세상을 다스리고 백성을 구제한다.'는 말에서 나왔다.

'경제'라는 말에는 여러 가지 뜻이 있다. 먼저 가장 기본적인 의미에서 경제란 부족한 재화를 가장 적절하게 분배하는 것을 말한다. 왠지 조금 어려운 말인 것 같은데, 쉽게 이야기하자면 이렇다.

사람이 살아가기 위해서는 여러 가지가 필요하다. 음식을 먹어야 하고, 옷을 입어야 하며, 편안한 잠자리를 꾸며야 한다. 이처럼 사람들이 원하는 바를 충족시키는 데 필요한 것들을 '재화'라고 한다. 재화에는 음식이나 옷, 집, 가구처럼 눈에 보이고 손으로 만질 수 있는 물건이 있는가 하면, 백화점에서 상품을 판매하는 일, 의사의 진료, 학원의 강의, 가수의 콘서트처럼 실제 물건이 아닌 것도 있는데, 이러한 재화를 구별하여 '용역' 또는 '서비스'라고 부른다.

그런데 자기에게 필요한 모든 재화와 서비스를 직접 생산할 수 있는 사람은 아무도 없다. 그렇기 때문에 여러 가지 욕구를 충족시키기 위해, 인간은 거래와 교환을 통해 필요한 재화와 서비스를 구해야 한다. 그리고 우리는 이것을 '경제활동'이라고 한다.

4,800백만 명이 넘는 인구가 살고 있는 우리나라의 경우, 사람들의 기본적인 욕구만 충족시키는 데에도 무수히 많은 종류의 재화와 서비스가 필요하다. 의식주 생활뿐만 아니라 공부하고, 일하고, 휴식과 재충전을 위해서도, 또 늙거나 병이 들었을 때에도, 각각의 경우에 알맞은 재화와 서비스를 필요로 한다. 그리고 이것들은 제때, 그리고 제곳에 제공되어야 한다.

그런데 사람들이 필요로 하는 재화와 서비스는 필요한 만큼 무한정 있는 것이 아니라 양이 제한되어 있다. 따라서 필요한 재화와 서비스를 얻기 위해서는

우리는 필요한 재화와 서비스를 시장에서 구한다. 시장에는 할인마트나 재래시장처럼 눈에 보이는 시장도 있지만, 노동시장, 자본시장처럼 눈에 보이지 않는 시장도 있다.

항상 대가를 지불해야 한다. 즉, 내가 가진 재화나 서비스 가운데 다른 사람에게 필요한 것을 주어야만 원하는 것을 얻을 수 있는 것이다. 그래서 노동력을 가진 사람은 노동력을, 돈을 가진 사람은 돈을, 토지를 가진 사람은 토지를 제공하여 재화나 서비스의 생산에 참여한다. 그리고 그 대가를 가지고 시장에서 필요한 것을 얻는다. 이른바 경제활동을 하는 것이다.

우리가 슈퍼마켓의 진열대에 가득 놓여 있는 상품을 고르고, 전기와 가스를 사용하고, 영화관에서 영화를 보고, 텔레비전과 라디오로 시간을 보내고, 필요할 때 자동차나 버스, 비행기를 탈 수 있는 것은 바로 수많은 사람들의 여러 가지 경제활동이 있어야 가능한 것이다.

우리에게 필요한 거의 모든 제품들은 기업에서 생산한다. 즉, 기업은, 한 나라 단위의 경제적인 설비와 활동의 총체를 말하는 '국민경제'에서 주로 생산을 담당하는 경제주체이다. 자동차회사를 예로 들어보자. 자동차회사의 사장은 공장을 세우고 기계 설비를 갖추고, 사람을 고용하고 부품들을 구입해서 자동차를 생산한다. 다시 말하면 어떤 상품을 어떻게, 얼마나 생산할지를 계획하고 결정하는 것이다. 또 생산한 자동차를 얼마에 판매할 것인지도 스스로 결정한다. 그리고 한정된 기계 설비, 노동력, 부품 등의 자원을 효율적으로 활용하여 최대한의 이익을 남기기 위해 여러 가지 노력을 기울이는데, 이것이 바로 우리가 흔히 '경영'이라고 부르는 경제의 한 측면이다.

이에 비해 규모는 작지만 가정도 하나의 경제 단위이며, 우리는 이를 '가계'라고 한다. 가정에서는 식사를 위해 장을 보고, 철마다 옷을 사고, 가구와 가전제품 그리고 자동차를 구입하고, 휴가를 떠나고, 저축을 하기도 한

기업에서 만드는 제품은 디자인, 성능, 가격 등의 면에서 소비자를 만족시켜야 한다. 즉, 기업은 제품에 대해 스스로
계획하고 결정하지만, 그 성패는 소비자의 선택에 달려 있다.

다. 즉, 가계는 주로 소비를 담당하는 경제주체이다. 그런데 이
러한 소비도 계획에 따라 이루어져야 하는데, 각 가정에서 벌
어들이는 소득이 한정되어 있기 때문이다. 이러한 가정의 살림살이 또한
'가정경제'라고 부르는 경제의 한 측면이라 할 수 있다.

가족처럼 통일된 소비 단위
를 이루는 한 명 또는 그 이
상의 사람들로 구성된 집단
을 '가계'라고 한다.

경제문제는 왜 생기는 걸까?

　우리가 원하는 것을 모두 갖고 누릴 수 있다면 얼마나 좋을까? 아마도 그런 사회에서는 경제가 문제가 되지 않을 것이다. 그러나 우리가 가질 수 있고 누릴 수 있는 것은 우리의 욕구에 비해 늘 부족하다. 그리고 경제문제는 바로 여기에서 출발한다.

　인간의 욕구는 크지만 이를 만족시킬 수 있는 수단은 부족하게 마련이다. 물론 부족하면 부족한 대로 아끼고 만족하며 살아갈 수만 있다면 아무 문제도 없을 것이다. 그러나 대부분의 사람들은 당장의 욕구를 채워도 늘 새로운 욕구가 생겨나게 마련인데, 그래서 인간의 욕망은 무한하다고도 한다.

　이처럼 인간의 욕망은 무한한 데 비해 이를 충족시킬 수 있는 돈이나 시간, 자원은 한정되어 있는데, 이를 '희소성의 원칙'이라고 한다. 즉, 희소성이란 단지 부족하다는 의미가 아니라 인간의 욕망이 존재하는 한 영원히

해소될 수 없는 근본적인 부족을 의미한다.

　그런데 지구상에 존재하는 자원 가운데 희소하지 않은 것을 찾을 수 있을까? 맑은 물을 마시는 것이 쉽지 않게 된 것은 벌써 오래전 일이다. 또한 환경오염이 심해지면서 심지어는 공기를 정화하기 위해 많은 비용을 들이는 시대로 접어들고 있다. 만일 희소하지 않은 자원이 있다면, 그것은 누구나 공짜로 사용할 수 있겠지만, 우리 주변에서 무상으로 사용할 수 있는 것은 거의 없다고 볼 수 있다. 햇빛이나 공기 등을 제외하고는 거의 대부분의 것들에 대해 일정한 대가를 지불해야 한다.

공급량이 무한한 재화를 '자유재(free goods)'라고 하는데, 공기나 바닷물은 우리의 필요량보다 더 많이 존재하므로, 즉 희소성이 없으므로 무료로 얻을 수 있다. 하지만 공기나 바닷물이라도 상대적으로 희소해지면 반드시 비용을 들여야 획득할 수 있는 '경제재(economic goods)'가 된다.

　따라서 우리의 일상적인 경제생활에서도 합리적인 소비와 지출이 필요하다. 한정된 돈으로 최대한의 욕구를 충족시켜야 하기 때문이다. 기업이나 국가에서도 희소한 자원을 효율적으로 활용할 수 있도록 선별해서 생산하고 소비해야 한다. 결국 일상생활과 마찬가지로 경제생활 또한 선택의 연속이라고 할 수 있다.

　그런데 모든 선택에는 대가가 따른다. 국가예산 가운데 방위비의 비중을 더 높이기로 한다면, 사회보장비와 같이 생활수준을 높이는 데 필요한 예산은 줄어들게 된다. 또 경제성장을 위해 공장을 더 많이 지어야 한다면, 환경을 보존하는 것에 어느 정도는 지장을 받게 될 것이다.

어떻게 하면 경제생활을 더 합리적으로 할 수 있을까?

하나의 선택이 합리적인 것인가를 판단하기 위해서는 선택에 따른 이득과 손실을 따져봐야 한다. 이때 어떤 것을 선택함으로써 얻은 이득이 포기한 손실보다 크다면, 그것은 합리적인 선택이라 할 수 있다. 그러나 그 계산은 그리 쉽지만은 않다.

예를 들어 세뱃돈 30만 원으로 저축을 할까도 생각했지만 결국 휴대용 게임기를 사기로 결정했다고 하자. 게임기를 사면 지하철이나 버스 안에서도 게임을 즐길 수 있다. 이처럼 무언가를 선택함으로써 얻게 되는 가치를 경제에서는 '편익'이라고 하는데, 이 경우 그 편익이 30만 원보다 크다고 생각하는 것이다. 물론 그 편익을 돈으로 환산하기는 쉽지 않겠지만 말이다.

그런데 잘 따져보면 게임기를 선택함으로써 지불하는 것은 30만 원이라는 돈만이 아니다. 새로 나오는 게임 소프트웨어를 사기 위해서는 또 돈이 필요하다. 그리고 집에서도 게임기를 사용하면 지금까지 하던 인터넷 게임 시간은 줄여야 하고, 작년에 산 MP3 플레이어는 사용할 일이 적어질 것이다. 이러한 손해는 게임기를 사지 않고 세뱃돈을 저축해두었으면 발생하지 않았을 것들이다. 이처럼 무언가를 선택한 대신 포기한 활동에 의해 얻을 수 있는 가치를 '기회비용'이라고 한다. 만일 게임기로 누릴 수 있는 즐거움이 게임기를 선택하지 않았을 경우에 누릴 수 있는 즐거움보다 크지 않다면, 그 선택은 합리적인 것이 아니다. 즉, 게임기의 진정한 비용은 이 기회비용이라 해도 과언이 아닌 셈이다.

경제적인 선택을 이야기할 때 기회비용은 대단히 중요한데, 이러한 기회비용은 사람마다 다르게 나타난다. 즉, 평소에 인터넷 게임을 하지 않고 MP3 플레이어도 사용하지 않는 사람의 경우에는 기회비용이 다를 수밖에 없다.

예를 하나 더 들어보자. 아르바이트로 한 시간에 3,000원을 버는 사람이 두 시간 동안 일을 하지 않고 7,000원을 내고 영화를 봤다. 그럴 때 그 사람이 영화를 본 값은 7,000원이 아니라 아르바이트를 했을 때 얻을 수 있는 6,000원까지 포함하여 1만 3,000원이 된다.

이처럼 경제적인 선택을 하기 위해서는 우선 비용과 편익을 고려해보는 것이 필요하다.

누가 경제를 혼란에 빠지지 않고 유지되게 하는가?

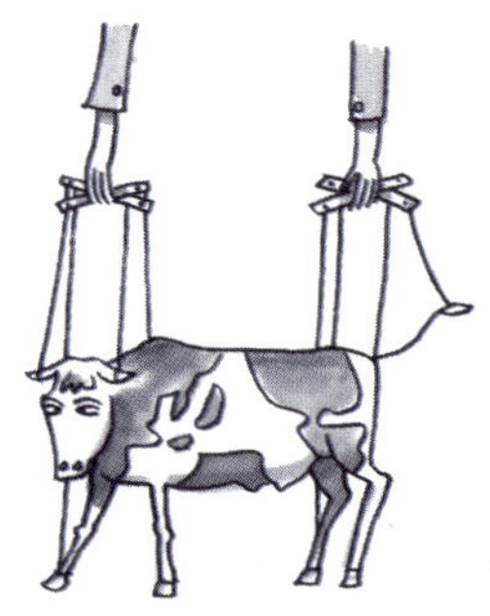

우리가 매일 사용하고 있고 또 필요로 하는 그 모든 제품과 서비스들은 어디에서 오는 걸까? 이에 대해 한번 따져보면 누구나 금세 머리가 멍해져서 도무지 갈피를 잡을 수 없게 될 것이다.

아침마다 우리를 잠에서 깨워 하루를 열게 해주는 자명종 시계에 대해 생각해보자. 이 시계는 할아버지께서 크리스마스 선물로 주신 것이다. 할아버지는 그것을 백화점에서 사셨다고 한다. 그런데 누가 할아버지께 제품 설명을 해드렸을까? 누가 돈을 받았고, 또 예쁘게 포장했을까? 그리고 백화점은 그 시계를 어디에서 사다가 파는 것일까? 그런데 시계를 보니 뒤에 '메이드 인 타이완(Made in Taiwan)'이라고 적혀 있다. 그렇다면 대만에서 만든 것이란 이야기인데, 누가 만들었으며, 또 우리나라로 실어 보내는 일은 누가 했을까?

이러한 과정들을 다 따지다 보면, 어떻게 물건들이 실제로 내 손에 들어올 수 있었는지 마치 기적처럼 느껴지기도 한다. 또는 누군가 세운 아주 거대한 계획에 따라 이루어진 것처럼 여겨지기도 한다. 그런데 실제로도 한 나라의 경제를 그와 같은 '거대한 계획' 아래 두고 꾸려나가려는 시도가 있었다. 바로 사회주의 계획경제 체제였다. 사회주의 계획경제는 모든 재화와 서비스의 생산과 분배가 정부의 중앙집권적인 계획에 따라 이루어지도록 했다. 그러나 그러한 시도는 실패로 끝이 났다.

물론 아무런 계획이 없이는 경제가 돌아가지 않는다. 계획경제와 달리 시장경제에서는 정부의 중앙집권적인 계획이나 명령 대신, 기업은 기업대로 가계는 가계대로 각각 합리적인 경제생활을 위한 계획을 세운다. 그리고 이들 모두는 시장에서 만난다. 시장에서 소비자의 선택을 받는 기업의 제품은 살아남고, 그렇지 못한 기업의 제품은 퇴출된다. 기업과 가계가 세운 계획들이 시장에서의 성패에 따라 조절되는 것이다. 즉, 경제가 혼란에 빠지지 않고 유지되게 하는 것은 시장경쟁의 원리이다.

정부는 시장경쟁에 대한 기본적인 규칙을 마련하고, 그러한 규칙을 지키도록 감시하고 심판하는 역할을 맡는다. 부족한 재화를 적절하게 분배하는 일을 시민과 기업가의 협력에만 맡겨둘 수는 없기 때문이다. 이러한 과정을 통해, 경쟁으로 인해 혹시 있을지도 모르는 피해에 대해 대비하는 것이다.

계획경제는 왜 생각대로 움직이지 않을까?

　누군가가 계획을 세우고, 모든 것은 계획에 따라 일사불란하게 돌아간다! 위에서 동전을 넣으면 아래로 콜라 캔이 떨어지는 자동판매기처럼. 하지만 계획경제는 생각처럼 그렇게 간단하지만은 않다.

　동부 유럽과 구소련, 중국, 북한과 같은 사회주의 국가들은 오랫동안 엄격한 계획경제를 실시하여 정부의 계획에 따라 나라의 경제를 이끌어갔다. 예를 들어, 이들 나라에서는 정부가 한 사람에게 1년 동안 필요한 곡물이나 감자의 양을 계산하고, 그것을 바탕으로 필요한 양만큼의 파종용 씨앗, 경작지, 노동자를 배정했다. 기업들에도 마찬가지로 어떤 상품을 얼마나 생산하고, 그러기 위해 어떤 방법을 사용하고, 어느 정도의 인원과 기계를 투입해야 할 것인지를 정부가 결정해주었다. 이러한 계획경제하에서는 국민경제의 모든 과정에 대해 정부가 아주 세세한 부분까지도 일일이 계획하여 지

"

시를 내렸다.

하지만 계획경제가 아무 문제 없이 실행된 적은 거의 없었다. 무엇보다도 우선 누가, 언제, 어떤 물건을, 얼마나 필요로 할 것인지를 정확하게 예측해서 계획한다는 것이 실생활에서는 매우 어려웠기 때문이다. 또한 계획을 세운다 해도 수요는 늘 변하게 마련이어서 공산품 생산에 필요한 원료나 기계들이 부족한 상황이 자주 발생했다. 결국 계획경제는 재화의 부족과 제때 생필품이 공급되지 않는 결과를 낳았다.

계획경제 체제가 붕괴된 또 다른 중요한 원인은 토지나 기계, 원료를 개별 기업이나 개인의 소유가 아닌, 국민의 소유로 만든 데 있었다. 이는 물론 이상적인 생각이었지만, 안타깝게도 현실에서는 공장의 시설을 유지하고 개선하거나 상품과 원료의 품질을 높이기 위해 실질적인 책임을 질 사람이 아무도 없게 되는 결과를 낳고 말았다. 그에 따라 공장들은 낙후되었

쿠바의 수도 아바나의 한 농민시장에서 농민들이 각자 생산한 농산물을 판매하고 있다. 계획경제 체제를 고수하던 쿠바 정부는 경제적 위기를 해결하기 위해 1994년 농민들이 자신들의 생산물을 자유롭게 판매할 수 있도록 허가했다.

고, 제품의 질은 떨어졌으며, 소비자들의 불만은 쌓여만 갔다.

이로 인해 20세기 말에 이르러 소련과 동유럽의 사회주의 체제가 붕괴되었고, 다른 사회주의 국가들도 그동안의 순수한 계획경제를 포기했다. 그리고 많은 분야에 시장경쟁의 원리를 도입하게 되었다. 중국과 베트남은 정치적으로는 사회주의 체제를 유지하면서도 경제적으로는 시장경제를 받아들이는 개혁·개방 정책을 추진했다. 아직도 사회주의 계획경제 체제를 유지하고 있는 나라는 북한과 쿠바 정도이다. 하지만 북한도 최근에는 농업생산에 부분적으로 시장원리를 도입하고, 외국기업을 끌어들이는 등 변화의 조짐을 보이고 있다. 또한 쿠바에서도 소규모의 자영업과 이들 생산품의 거래를 위한 자유시장이 허용되고 있는 추세이다.

시장경제는 어떻게 움직일까?

계획경제와 달리 시장경제에는 중앙집권적인 계획이나 명령이 없다. 즉, 시장경제를 지배하는 것은 '자유경쟁의 원리'이다.

자유경쟁이라는 시장경제의 단순한 원리에 대해 의문이 제기되는 것은 어쩌면 당연한 일이다. 무엇을 얼마나 생산하여 어떤 가격으로 판매할 것인지를 개인들 스스로가 결정한다고 했을 때, 경제가 질서 있게 잘 굴러가기보다는 오히려 커다란 혼란이 발생하는 것은 아닐까 하는 의구심이 들기도 한다.

시장경제 체제를 이해하기 위해 과일 상인 여럿이 한곳에 모여 있는 시장을 떠올려보자. 10명의 상인이 그곳에서 사과를 팔고 있는데, 사과를 보니 모두 종류가 같고 크기도 동일하며 모양도 똑같다. 그런데 상인 한 사람은 1킬로그램을 1만 5,000원에, 세 사람은 1만 4,500원에 팔고 있다. 다른 네

수요와 공급, 판매자와 구매자가 서로 만나는 장소를 '시장'이라고 하며, 여러 공급자가 고객을 사로잡기 위해 벌이는 활동을 '경쟁'이라고 한다.

사람은 같은 사과에 대해 1만 4,000원을, 나머지 두 사람은 1만 3,800원을 내라고 한다. 그런데 1킬로그램에 1만 3,800원을 받는 두 사과 상인이 가장 먼저 상품을 처분한다. 가장 싼 가격에 사과를 살 수 있으므로 이는 당연한 일이다. 1만 3,800원짜리 사과가 다 팔리자, 구매자들은 그 다음으로 싼 가격에 사과를 파는 가게로 발걸음을 옮긴다. 그리고 여섯 사람의 사과 상인은 몇 시간 만에 자기들이 가진 사과를 다 팔게 된다. 그보다 비싼 값을 부른 상인 네 사람만이 여전히 사과 곁을 떠나지 못하고 있을 뿐이다. 이제 그들은 선택을 해야 한다. 계속 손님을 기다리든가, 사과를 다 팔기 위해 가격을 내리든가 해야 한다. 그들도 돈을 벌려고 하기 때문에, 과일 상인들은 결국 과일을 1만 4,000원이나, 그보다 낮은 가격인 1만 3,800원에 팔게 된다.

이튿날 사과 상인 10명이 다시 시장에 나타나, 자기들의 상품을 모두 1만 3,800원에 내놓는다. 그때 갑자기 새로운 상인이 나타나 바나나를 늘어놓는다. 그것도 1킬로그램에 2만 원의 가격으로. 그러자 사과만 먹는 데 물린 구매자들이 사과보다 값이 비싼데도 바나나 가게로 몰려간다. 눈 깜짝할 사이에 바나나 상인의 매장에서는 물건이 동이 나고, 사과 상인들은 당황하기 시작한다. 똑같은 가격으로 사과를 파는데도, 아직 한 개의 사과도 팔지 못했기 때문이다. 그러자 사과 상인들은 고객을 끌어들이기 위해 사과 가격을 1만 원으로 내렸고, 결국 10명 모두 전날보다 돈을 적게 벌게 된다.

그래서 그들 가운데 네 사람은 재빨리 다음날에는 바나나도 팔겠다고 나선다. 그것도 바나나 상인과 똑같은 가격으로 말이다. 하지만 바나나 판매가 잘될 것이라는 그들의 기대는 잘못되었음이 곧 드러나고 만다. 2만 원을 내고 바나나 1킬로그램을 사겠다는 고객의 숫자가 전날의 다섯 배로 늘지는 않았기 때문이다. 결국 고객이 매력을 느껴서 찾아올 때까지, 그들은 모두 가격을 내릴 수밖에 없다.

이 이야기를 통해 우리는 두 가지 사실을 알 수 있다. 첫째, 여러 명의 상인이 같은 상품을 판매하고 그 양도 넉넉할 경우, 가격은 소비자에게 가장 유리하면서도 상인들에게도 약간의 이익을 줄 수 있는 수준까지 내려간다. 둘째, 자유롭게 의사결정을 할 수 있을 경우, 상인들은 더 많은 이윤을 얻기 위해 새로운 제품을 내놓아 공급량을 늘린다. 이윤이 아주 클 경우에는 다른 상인들까지 몰려들어 그 새로운 제품을 판매하게 되는데, 한마디로 경쟁이 이루어지는 것이다. 그런데 이러한 경쟁은 소비자들에게도 이익을 가져다준다. 좀더 유리한 가격에 살 수 있는 상품이 더 많아지기 때문이다.

이때 생산자들이 상품을 팔려고 내놓는 것을 '공급', 그에 대한 소비자들의 욕구를 '수요'라고 한다. 수요와 공급 사이에 이루어지는 상호작용에 대해 최초로 밝힌 사람이 바로 스코틀랜드 출신의 경제학자 애덤 스미스(Adam Smith)다. 그는 시장에서 자유경쟁을 통해 형성된 가격의 작용을 '보이지 않는 손(invisible hand)'이라고 표현했는데, 이 '보이지 않는 손'이 수요와 공급을 자동으로 조절해줌으로써, 생산자와 소비자 모두에게 최대한의 이익을 안겨준다는 것이다.

> 모든 비용을 빼고 난 뒤에 판매자에게 돌아오는 이익을 '이윤'이라고 한다.

시장이 모든 경제문제를 해결해줄 수 있을까?

소비자는 좀더 낮은 가격으로 최대한의 만족을 얻고 싶어 하고, 기업은 생산비를 줄이고 새로운 상품을 개발하여 더 많은 이익을 얻으려 노력한다. 그리고 이러한 과정을 통해 필요한 곳에 재화가 공급되고 새로운 재화가 늘어나게 된다. 그런데 시장이 항상 이렇게 성공적으로 움직일 수 있는 걸까?

사과의 가격은 어느 한 상인이 더 많은 이익을 남기도록 결정되지는 않는다. 실제로 사과 1킬로그램을 1만 원에 팔아도 상인들은 손해를 보지 않으며, 가격이 1만 원까지 내려가면 사과의 소비가 어느 정도는 늘어나게 된다. 사과 한 개에 해당하는 이윤은 줄겠지만, 사과를 더 많이 팔아서 이익을 늘리거나 또는 이익이 더 많이 남는 바나나를 팔아서 전체적인 이익을 늘리면 된다.

또 사과 값이 많이 떨어지면 농민은 사과의 생산을 줄이는 대신 좀더 이익이 많이 남는 배나 우유의 생산을 늘릴 수 있다. 또는 더 맛있는 사과를 생산하거나 생산비를 줄이기 위해 노력한다. 이렇게 해서 새로운 제품이 나오고 품질이 개선되는 것이다. 사람들이 필요로 하는 모든 재화가 이렇게 자동으로 조절되어 생산되고 공급된다.

그런데 이러한 시장경쟁의 원리도 경제 전체로 봤을 때는 한계가 있다. 현실의 시장은 훨씬 복잡해서 사과시장처럼 완전한 경쟁이 이루어지지 않기 때문이다. 그래서 불황이 오고, 실업자가 늘어나고, 때론 물가가 치솟기도 하는데, 그 대표적인 예가 1929년에 발생한 세계 대공황이다.

대공황 이전까지는 애덤 스미스의 생각처럼 각국의 정부는 경제문제를 시장에 맡겨두고 국방이나 치안 유지 등 최소한의 역할만 수행했다. 그런데 대공황으로 금융기관과 기업들이 줄줄이 무너지면서 사람들이 실업자가 되어 길거리로 나앉게 되자, 사람들은 정부가 시장에 개입하여 경제문제 해결에 나설 것을 요구하게 되었다.

이때 미국과 영국은 경제학자 존 메이너드 케인스(John Maynard Keynes)의 주장을 받아들여 공공사업에 대한 지출을 늘림으로써 대공황을 극복할 수 있었다. 이후 각국의 정부는 세금과 정부 지출, 중앙은행의 통화량과 이자율 조정을 통해 경제의 흐름을 조절하는 역할을 맡게 되었다. 그렇지만 정부 역시 완벽하게 시장의 수요와 공급을 조정해낼 수 없다는 것 또한 알게 되었다. 정부가 개입한 시장 조정도 실패하는 사례가 자주 나타났기 때문이다.

한편 시장경제하에서는 누구에게나 돈 벌 기회가 주어진다. 시장경제의 장점 가운데 하나는 열심히 일하고 새로운 아이디어를 가지고 있으면 누구나 돈을 벌 수 있다는 점이다. 그러나 사실 능력이 있다고 하더라도 운까지 따르는 사람은 소수에 불과하다. 아무래도 처음부터 돈이 많으면 많을수록 돈 벌기가 더 유리한 것은 분명하다. 많은 돈을 들인 상품일수록 더 잘 팔릴 확률이 높기 때문이다. 그 결과 소수에게 재산이 집중되고, 그럴수록 다수는 상대적으로 가난해져서 빈부의 격차가 커지게 된다. 하지만 시장경제 그 자체로는 빈부격차를 해소하는 데 아무런 역할도 하지 않는다. 그것은 시장의 역할이 아니라 정부의 역할이기 때문이다.

시장경제에서 생기는 빈부격차를 줄이고, 각 계층이 기본적인 생활수준을 유지할 수 있도록 국가가 많은 세금을 거두어 사회복지에 힘쓰는 유럽식 경제 체제를 '사회적 시장경제'라고 한다. 우리 헌법도 사회복지국가의 이념을 담고는 있지만 복지의 수준은 아직 미흡하다.

물론 시장의 원리가 돈을 더 많이 벌고자 하는 개인들의 이기심에 바탕을 두고 있기 때문에 빈부격차가 어느 정도 있는 것은 당연하다. 하지만 빈부격차가 심해져서 생계조차 꾸려가기 힘든 사람들을 그냥 방치할 수는 없다. 또한 실업문제와 치솟는 물가를 시장에서 해결되기를 기대하며 그대로 내버려둘 수는 없다. 많은 사람들이 가난해지면 수요가 줄고, 수요가 줄면 생산과 공급도 위축되어 시장경제 자체를 위협할 수도 있기 때문이다.

정부는 시장에 어떤 영향을 미칠 수 있을까?

수요 촉진과 공급 확대, 어느 쪽이 시장에 더 효과적일까? 이 문제를 바라보는 시각에 따라 정부의 경제정책이 결정된다.

시장의 수요자는 일반 소비자만이 아니다. 중앙정부와 관련 기관, 지방정부도 국민의 세금을 사용하는 시장의 주요한 수요자이다. 그래서 정부를 기업, 가계와 더불어 국민경제의 3대 주체라고 한다.

시장의 수요자로서 정부는 학교와 유치원, 체육관을 세우고, 도로와 공원을 건설한다. 또 업무를 위해 컴퓨터와 전화 등을 필요로 한다. 정부는 국회에 예산안을 제출할 때 이러한 사업과 품목들에 대한 승인을 얻은 다음, 사업을 수행하고 물건을 공급할 능력이 있는 기업을 대상으로 공개적인 경쟁 절차를 밟아 공급자를 선정한다.

그런데 정부가 이러한 지출을 늘리는 정책을 취하게 되면 경제에도 영향

고속도로 건설 등과 같은 대규모의 정부투자사업은 시장의 수요를 촉진한다. 건설업이 활성화되면 그에 따른 원자재와 건설 장비의 수요가 늘어나고, 이는 다른 여러 산업분야에도 영향을 끼친다.

을 미치게 된다. 정부의 늘어난 지출은 기업의 생산물에 대한 수요의 확대로 이어지고, 그에 따라 고용이 늘어나서 사람들의 소득도 증가한다.

정부가 저소득층에 대한 사회복지비의 지출을 늘리는 것도 마찬가지 효과를 가져온다. 사람들은 증가한 소득을 지출하기 때문에 이런 지출은 또 다른 사람들의 소득 증가로 이어진다. 이러한 정책들을 수요를 촉진하는 데 중점을 둔 경제정책이라고 하는데, 경기가 좋지 않을 때 정부는 이러한 방법을 통해 경제를 활성화시킬 수 있다.

물론 이와는 다른 방법도 있다. 세금을 줄여주는 것이다. 기업의 세금을 낮춰주면 기업은 상품을 생산하고 새로운 기계를 구입하며 노동력을 고용하는 데 더 많은 돈을 쓸 수 있다. 또 가계에 대한 세금이 감소하면 소득에서 지출할 수 있는 돈이 늘어나고, 상품에 매겨진 세금을 줄이면 상품의 가격이 낮아지므로 사람들이 더 많이 구입하게 되어 생산활동이 활발해진다.

바로 공급을 확대하는 데 중점을 두는 경제정책이다.

　이 두 가지 정책 가운데 어느 쪽이 옳은지는 단언해서 말할 수 없으며, 일반적으로 현대 국가에서는 두 정책을 혼합해서 사용하고 있다.

자유로운 경쟁도 제한할 수 있을까?

앞에서 살펴본 과일을 파는 시장에서는 경쟁을 통해 모두가 이익을 얻을 수 있었다. 그러나 우리가 살고 있는 이 세상에는 너무나 많은 위험이 도사리고 있기 때문에 모든 것을 시장에서의 자유로운 경쟁에 맡겨놓기는 어렵다.

자유로운 경쟁에만 맡겨두었을 때, 소비자나 그 밖의 사람들이 피해를 입는 경우도 있다. 치열한 경쟁이 기술혁신, 신제품 개발, 경제발전을 촉진하기도 하지만, 때론 이를 거스르기도 한다.

사과와 바나나 상인들로 이루어진 이상적인 세계는 모든 사람의 출발조건이 동일하고, 모두가 공정하게 행동하는 경우에만 존재할 수 있다. 하지만 현실에서는 그런 조건이 항상 갖춰진다는 것은 매우 드문 경우에 해당한다. 그렇기 때문에 국가는 자유로운 경쟁이 초래하는 부정적인 결과로부터 소비자를 보호하기 위해 많은 분야에서 법률을 제정하여 경쟁을 제한하기도 한다.

예를 들어 의사들은 시험을 통과하고 수련의 경험을 쌓은 다음에야 비로소 독자적으로 환자를 치료할 수 있다. 의약품들은 충분한 시험 과정을 통과하고 보건당국의 허락을 받아야만 환자에게 판매할 수 있다. 또 식료품 생산에는 청결 유지와 관련된 여러 가지 규정이 있다. 즉, 시장경쟁에 참여할 수 있는 자격을 제한함으로써 피해자가 생기는 것을 방지하는 것이다.

물론 결함이 있는 제품은 언젠가는 경쟁을 통해 걸러질 것이라는 믿음을 가지고 시장에 맡겨두자는 주장도 있을 수 있다. 그러나 상품의 결함도 많은 소비자들이 직접 사용한 후에야 널리 퍼지게 되는데, 그러기까지는 시간이 걸린다. 아무리 발달된 매스컴과 인터넷의 시대라 할지라도 이러한 상품이 시장에서 도태되기 전에 이미 많은 사람들이 손해를 입을 수도 있기 때문에 자유경쟁을 제한하는 것이다.

또한 상품을 직접 소비하는 개인뿐만 아니라 공공의 피해를 유발하는 경우에도 규제를 가하는데, 이에 따라 자동차는 배기가스 배출기준을 지켜야 하고, 공장은 환경오염 방지시설을 갖추어야 한다.

암소 한 마리에 양 두 마리, 화폐는 왜 필요할까?

　　뭔가를 사려고 하는 사람은 그 대신 다른 뭔가를 내주어야 하는데, 대부분의 경우에 그것은 돈, 곧 화폐다.

　　화폐란 일반적으로 인정되는 교환 수단으로 지폐나 동전의 형태로 된 법적 지불 수단이다. 동전은 구리와 니켈과 같은 금속들로 이루어졌고, 지폐는 특수 처리한 종이에 화려한 문양의 그림을 인쇄한 것이다. 지폐에는 또한 위폐 방지를 위한 숨은 그림과 은색 선이 새겨져 있다.

　　그런데 지폐가 1만 원의 가치를 지닌다고 해서 거기에 들어간 원료의 가치가 1만 원이라는 뜻은 아니다. 사람들이 그 지폐를 1만 원짜리로 받아들이는 것은 명목가치 때문이다. 1만 원짜리 지폐는 1만 원어치의 쌀이나 빵, 책, 음료수 등과 교환할 수 있다고 약속한 것이다.

　　과거에는 상품과 상품을 직접 맞바꿈으로써 많은 거래를 해결했다. 양을

화폐에 표시된 가치를 '명목가치'라고 한다.

가지고 있으면서 암소를 갖고 싶어 하는 사람은, 암소를 내주고 양을 갖기를 원하는 사람을 찾아야만 했다. 그런 다음에도 두 사람은 암소 한 마리가 양으로 치면 몇 마리 값에 해당하는지에 대해 합의를 해야 했다.

그런데 물물교환만으로는 구매자와 판매자 사이에 발생하는 불편을 해소하기가 쉽지 않았다. 이런 이유에서 기원전 7세기경에 소아시아 지방의 리디아 왕국에서 처음으로 교환 수단으로 화폐가 도입되었다. 그리고 고대 그리스와 로마에서는 금과 은으로 주조한 동전을 사용했고, 중국에서도 일찍부터 금속화폐가 사용되었다. 화폐를 사용하게 되자, 암소와 양의 거래가 훨씬 간단해졌다. 암소를 파는 사람은, 돈을 내고 소를 사려고 하는 사람을 찾아서 암소를 팔면 됐다. 그러고 나서 소를 팔고 받은 돈을 들고 양을 파는 사람에게 가서 돈과 양을 바꿀 수 있었다.

그러나 중세시대 이후 상업활동이 크게 번창하면서 많은 양의 돈이 오고 가게 되자 금화나 은화와 같은 금속화폐 역시 보관하고 운반하는 데 큰 불편을 느끼게 되었고, 그래서 사용하게 된 것이 바로 지폐다. 따라서 초기의 지폐는 가치를 보장하기 위해 그것을 발행한 은행이나 정부에 요구하면 금이나 은과 같은 귀금속으로 바꿀 수 있었다.

오늘날의 화폐는 물론 금이나 은으로 바꾸어주지 않는다. 대신 정부가 법으로 가치를 보장하고 지불 수단으로 널리 이용하도록 강제하고 있다. 그런데 이제는 이 지폐마저 불편해하는 사람들이 있다. 그래서 사람들은 은행에다 돈을 맡겨두고 그 대신 돈이 있다는 표시로 수표나 어음과 같은 유가증권이나 신용카드 등을 사용한다. 또 인터넷뱅킹 등을 이용하는 경우가 늘어나서 현금의 사용은 점차 줄어들고 있다.

각국의 화폐는 대개 그 나라의 중앙은행에서 발행한다. 그런데 돈을 많이 찍어내면 부자가 되지 않을까 하는 생각이 들기도 하겠지만, 절대로 그렇지 않다. 화폐는 항상 제한된 양만큼만 유통되어야 한다. 유통되는 화폐량이 많아지면 화폐의 가치가 떨어지기 때문에 사람들은 점점 더 많은 돈을 내고 상품을 구입해야 한다. 게다가 그 정도가 심해지면 돈으로서의 기능을 잃게 되는데, 이렇게 화폐가 그 가치를 상실하는 것을 '인플레이션'이라고 한다.

상품들은 어떤 과정을 거쳐 만들어지는가?

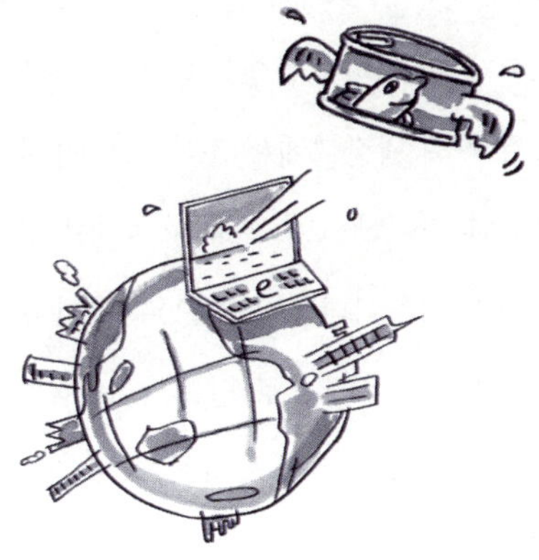

뭔가를 사려고 할 때 어디에서 사야 할지는 고민할 필요가 없다. 음료수나 과자는 길모퉁이에 있는 슈퍼마켓에 있고, 청바지는 백화점에 가면 있다. 인터넷이나 홈쇼핑을 이용해도 된다. 또한 국내상품 이외에도 세계 이곳저곳에서 만들어진 상품들이 늘 우리 가까이에 있다. 그런데 이러한 상품들은 어떻게 만들어진 것일까?

많은 제품들이 우리가 진열장에서 꺼내들기 전에 이미 세계여행을 끝낸 것들이다. 책상 위에 있는 컴퓨터를 예로 들어보면, CPU와 메인보드는 미국의 인텔이라는 회사에서 만들었다. 그리고 하드디스크와 모니터는 우리나라의 삼성 제품이다. 마우스와 키보드를 보니 우리나라 회사의 로고가 찍혀 있긴 하지만 뒤를 보니 원산지가 '중국'이라고 되어 있다. 스피커도 중국산이고, 프린터를 보니 미국 회사인 휴렛패커드의 제품이라고 되어 있는데 정작 만든 곳은 말레이시아다. 휴렛패커드라는 회사의 생산 공장이 말레이시아에 있는 것 같다. 결국 모든 상품들이 긴 여행을 마친 후에야 한 곳에 모이게 된 것이다.

그런데 컴퓨터만 여행을 하는 것은 아니다. 저녁에 먹을 참치김치찌개를 끓이기 위해 냉장고에서 고추장과 참치 통조림을 꺼냈는데, 고추장 용기를 살펴보니 들어간 고춧가루의 절반은 중국산이고 밀가루는 미국산이다. 이 것들은 인천항이나 부산항으로 들어와서 고추장으로 유명한 순창의 고추 장공장에서 고추장으로 만들어졌다. 참치 통조림을 살펴보니 다랑어는 원 양에서 잡은 것으로 표시되어 있다. 아마 남태평양이나 대서양에서 잡아 냉 동시키고 창원의 공장으로 실어 왔을 것이다. 거기에 들어간 야채즙과 목화 씨 기름은 미국의 플로리다에서 가공된 것이다. 물론 통조림의 용기도 어딘 가에서 사온 것이다. 이것들이 다 모여 참치 통조림이 되고, 우리는 이것을 동네 슈퍼마켓에서 산다. 참치김치찌개가 저녁 식탁에 오르기까지 거의 지 구를 한 바퀴 돌 정도로 먼 여행을 했다고 생각하니 멀미가 날 지경이다.

그런데 오늘날의 상품생산에 있어서 그 정도의 원거리 여행은 아무런 장 애가 되지 않는다. 참치처럼 부패할 가능성이 매우 높은 상품들도 통조림 으로 만들면 긴 운송 과정이 큰 문제가 되지 않는다. 그리고 운송 과정이 복잡하다 해도 대량생산은 생산자들에게 이익을 가져다준다. 여러 곳에서 조금씩 생산하는 것보다 비용이 적게 들기 때문이다.

그렇다면 기업에서 필요한 것은 공장이나 기계 설비뿐이다. 여러 가지 상품을 조금씩 생산하기보다는 대량으로 생산함으로써 기업들은 공장과 기계 설비를 좀더 효율적으로 최대한 활용할 수 있다. 대량생산을 통해 생

30톤짜리 화물차에 참치 통조림을 가득 실으면, 용기 하나당 운송 비용은 얼마 되지 않는다.

산비용이 줄어들기 때문이다.

　이처럼 오늘날 우리가 쓰고 있는 많은 상품들은 국제적인 분업을 통해 만들어지고 있다. 최소의 비용으로 최대의 효과를 얻기 위해 이러한 분업이 이루어지는 것이다. 만약 생산비용이 맞지 않으면 임금과 땅값이 싼 다른 나라로 아예 공장이 통째로 이동하기도 한다. 요즘은 특히 세계 어느 나라에서나 수많은 중국 제품들을 볼 수 있는데, 그래서 중국을 '세계의 공장'이라고 부르기도 한다.

기업은 무엇을 만들어 팔지를 어떻게 결정할까?

음식점이나 가게를 열고 장사를 하거나 공장을 짓는 사람들은 돈을 벌기 위해 위험을 감수하면서 일을 진행한다. 어느 누구도 취미 삼아 회사를 세우지는 않는다.

따라서 사업을 하는 사람들은 자신이 제공할 상품을 필요로 하는 사람들이 누구이며, 또 실제 그 상품을 사기 위해 돈을 낼 용의가 있는 고객들이 얼마나 되는지를 사전에 알아보려고 한다. 고객만이 아니라 경쟁관계에 있는 사람이나 상품, 그리고 자신의 사업이 처할 상황에 대해서도 되도록이면 많은 정보를 수집하려고 애쓴다.

어떤 사람은 친구 몇 사람과 친지들에게, 유기농 원료를 사용한 새로운 피자를 만들면 사 먹을 의향이 있는지, 그런 피자의 가격은 얼마쯤 되어야 구입할 용의가 있는지를 묻는 정도로 만족하고 일을 시작하기도 한다. 좀더 경험이 풍부하고 규모가 큰 회사라면, 시장조사기관에 정확한 조사를 의뢰하여 인터뷰 전문가들로 하여금 쇼핑센터에 들른 고객들의 의견을 수집하게 하고, 그 사람들을 공장으로 초대해 집중적으로 설문조사를 하기도 한다. 또 여러 형태의 새로운 제품을 만들어 시식해보고 경쟁 제품과 비교한 후, 부족한 점을 보완하기 위해 노력할 것이다.

투자, 다시 말해서 기계와 설비, 건물에 들어가는 돈이 많으면 많을수록, 기업가는 팔리지 않는 상품을 만들게 될 위험을 최소한으로 줄이기 위해 더욱더 주도면밀하게 소비자와 고객의 기호를 알아내려고 노력한다.

이러한 과정을 거쳐 마침내 그 제품을 생산하기로 결정하면, 기업가는 공장을 세울 장소를 선택하여 설비를 갖춘다. 그리고 몇 개월이 지나면, 피자를 좋아하는 사람들은 새로운 유기농 피자를 즐길 수 있는 기회를 얻게 될 것이다.

휴대전화에도 여러 종류가 있는 것은 왜일까?

　피자집에서 피자를 주문하려고 할 때, 특별히 먹고 싶은 피자가 없다면 선택에 어려움을 겪게 된다. 재료와 크기가 지극히 다양한 피자가 적어도 열 가지는 넘기 때문에, 그 중에서 내게 맞는 걸 고르기란 쉽지 않다. 슈퍼마켓에서 파는 냉동 피자의 경우에도 사정은 마찬가지이다.

　휴대전화를 구입할 때도 비슷한 고민에 빠지게 된다. 사전에 간략하게나마 정보를 파악하지 않은 채 휴대전화를 구입하러 가면, 고르기가 여간 까다로운 것이 아니다. 새로운 제품이 계속 쏟아져 나와 성능과 사용법이 조금씩 다른 데다 계약조건과 요금체계도 복잡해서 어떤 상품을 선택해야 할지 고민하게 된다.

　사실 많은 소비자들이 좀더 간단한 것을 선호할 수도 있다. 또한 경우에 따라 자기가 좋아하는 바닐라 아이스크림, 양파만 넣은 피자, 심야 이용자를 위한 기본계약조건만을 갖춘 휴대전화만 있으면 된다고 생각하기도 할 것이다.

하지만 그렇게 되면 바닐라 아이스크림은 좋아하지 않고, 피자에 들어간 양파는 골라내고 먹고, 밤 10시 이전에도 저렴한 요금으로 휴대전화를 이용하고 싶어 하는 다른 소비자들에게는 매우 불공평하게 느껴질 것이다.

더욱이 상품생산이 그처럼 획일적이 되면 시장경제에 심각한 영향을 미칠 수도 있다. 소비자에게서 선택의 자유를 빼앗아버리면, 어쩌면 더 훌륭할 수도 있는 새로운 제품들이 설 자리를 잃게 된다. 새로운 제품들이 개발되지 않으면 새로운 기업과 일자리도 생기지 않는다. 한 종류의 상품만 생산한다면, 비용은 줄어들지 모르지만 더 많은 고객을 만족시킬 수 없으므로 수요가 늘지 않아서 생산 설비를 최대한으로 활용할 수 없게 된다. 그런 조건에서는 새로운 재료의 피자가 생산되고, 주목받는 상품이 되는 일은 없을 것이다.

브랜드 제품과 비브랜드 제품,
오리지널과 모조?

유명 브랜드 제품이나 저가 브랜드 제품이나 얼핏 보아서는 구별이 되지 않을 정도로 비슷비슷하다. 그러나 좀더 자세히 들여다보면 포장, 재료, 크기와 가격 면에서 어느 정도는 구분이 된다. 물론 비싼 피자라고 해서 반드시 값싼 피자보다 무조건 내 입맛에 맞거나, 더 신선하고 두툼하고 촉촉한 것은 아니겠지만.

어떤 품목에 대해서 얼마의 금액을 지불할 것인지는 소비자의 지갑에 달려 있다. 나이키와 구찌, 프라다를 몸에 걸치고 다닐 것인지, 할인매장에서 구입한 이름 없는 청바지로 만족할 것인지는 형편에 맞게 선택하는 것이 마땅하다. 유명 브랜드 제품이 아니라고 해서 싸구려라며 트집 잡을 이유는 전혀 없다. 저렴한 상품을 구입하고 싶어 하는 소비자들에게는 형편에 맞는 지혜로운 소비생활을 할 수 있는 선택의 폭이 넓어지는 것이다.

그런데 정밀도가 떨어지는 값싼 시계를 유명 브랜드의 시계처럼 위장한 모조품 시계, 정품이 출시되자마자 순식간에 수천 장씩 쏟아져 나오는 불법 복제 CD의 경우는 어떻게 보아야 할까?

그러한 모조품을 생산하는 사람들은 법으로 처벌을 받게 되며, 제품을 유통시킨 사람 또한 처벌을 받는다. 요즈음은 그러한 모조품들이 대부분 외국에서 생산되어 관광객들에게 헐값에 팔리기 때문에, 세관 직원들은 해외여행에서 돌아오는 사람들의 짐을 철저하게 조사한다. 그리고 이렇게 적발된 물건들은 모두 태워 없앤다.

이처럼 엄격한 조치를 취하는 데는 그만한 이유가 있다. 복제품들이 버젓이 유통되며 여러 가지 권리를 침해하고, 상품에 대한 보호규정들을 위반하기 때문이다. 여기서 특히 문제가 되는 것은 발명특허권, 저작권, 상표권 등의 지적 소유권이다. 국가는 저작권과 상표권과 같은 지적 소유권을 핸드백이나 지갑, 또는 다른 소유물과 똑같은 재산권으로 보호한다. 명품 브랜드가 외국 기업의 것일 때도 우리 정부가 굳이 나서서 보호하는 이유는 국가가 이를 법적으로 보호해주지 않으면 우리 기업의 지적 소유권도 외국에서 보호받을 수 없기 때문이다.

불법복제는 또한 심각한 경제적 피해를 유발하는데, 고가의 명품을 생산하는 사람들은 복제품으로 인해 자신들의 이미지에 손상을 입게 된다. 그들이 만든 상품이 아무나 살 수 없는 고가의 명품이 아니라 진품 가격보다 훨씬 낮은 가격으로 어디서나 손에 넣을 수 있는 제품이 되어버리면, 시장에서의 매력이 없어진다. 결국 고객들은 많은 돈을 주고 진품을 살 이유를 찾지 못하게 되는 것이다.

상품의 가격은 어떻게 결정될까?

　기업이 상품의 가격을 어떻게 정하는지는 많은 소비자들에게 꽁꽁 숨겨진 비밀이다. 이러한 상황에서, 구입하는 상품의 가치에 비해 가격이 합당한지 소비자들이 어떻게 알 수 있겠는가?

　상품이 생산자의 손에서 소비자의 손으로 직접 전해지는 경우는 거의 없다. 공장에서 생산되거나 가공된 모든 상품들은 유통 상인의 손을 거쳐서 소비자에게 전해진다. 곧 상품을 통해 생산자뿐만 아니라 유통 상인도 돈을 벌게 되는 것이다.

　시장의 원리로 봤을 때, 자기 제품을 제조원가보다 낮은 가격으로 팔아도 되는 생산자는 없다. 곧 밑지고 파는 장사는 없다는 말이다. 다시 말하면 상품의 가격은 생산에 들어간 비용을 충분히 제하고도 남을 정도로 높아야 한다. 원료 구입비, 직원 임금, 기계 사용료, 전기와 수도 요금 등이 모두 비용에 포함된다. 또 그 상품과 관련된 관리, 마케팅, 판매, 세금 등에 지출한 돈도 비용에 포함되어 제조원가를 구성한다. 그리고 이 제조원가에 생산자에게 이윤으로 돌아갈 몫이 더해진다.

유통 상인은 생산자로부터 상품을 도매가격으로 구매해서 거기에 그 상품의 판매를 위해 자기가 지출한 비용, 곧 점포 임대료, 전기와 수도 요금, 인건비, 광고비, 그리고 자신의 이윤을 덧붙인다. 상업이윤은 상품의 종류, 상품이 점포에 머무는 기간에 따라 달라지는데, 식료품처럼 잠시 동안만 진열되는 상품들은 이윤율이 낮다. 하지만 고급 옷가게에 진열된, 디자이너가 손수 제작한 값비싼 옷들은 금방 팔리지 않기 때문에 높은 이윤이 붙는다. 일반적으로 외국의 자동차판매상의 경우에는 이윤율이 15~20퍼센트에 이른다고 한다.

유통 상인의 구매가격과 그가 소비자에게 받는 판매가격의 차이가 '상업이윤' 이다.

상품의 판매가격은 이렇게 여러 가지 비용들을 고려하여 결정한다. 거기에다 유통 상인은 자신이 취할 이윤 이외에도 물건 값에 붙는 세금을 합산하여 소비자에게 받아 이를 국가에 납부해야 한다.

유명 브랜드는 어떻게 만들어질까?

　같은 제품을 여러 공급자가 판매할 경우에는 치열한 가격경쟁이 벌어진다. 따라서 그 누구도 선뜻 경쟁 상대보다 더 비싼 값을 매길 수가 없다. 그런데 어떤 상품들은 값을 더 비싸게 매겨도 다른 상품보다 훨씬 더 잘 팔리는 것을 볼 수 있다.

　그 상품이 이른바 추가효용을 제공할 경우에는, 다시 말해 소비자가 다른 공급자들의 상품에서는 발견할 수 없는, 여러 상품들 가운데서 그 상품을 돋보이게 하는 특별한 매력을 갖추고 있을 경우에는 그럴 수 있다. 소비자들은 그런 제품에 대해서는 더 비싼 값을 지불하는 것도 마다하지 않는다. 이른바 '브랜드 가치', 말 그대로 상표의 이름값을 하는 것이다.

　브랜드 가치는 마케팅을 통해서 형성된다고 볼 수 있는데, 마케팅은 시장조사, 제품설계, 광고, 판매로 구성된다. 기업은 시장조사를 통해 미래의 고객이 원하는 것이 무엇인지 알아내야 한다. 그리고 제품설계 과정을 통해 판매하려는 제품의 모양과 포장 등을 결정한다. 광고의 과제는 새로운 제품들을 소비자들에게 널리 알리고, 기존 상품들의 매력을 소비자들의 머릿속에 끊임없이 다시 떠올리게 하는 데 있다. 마지막으로 판매는 상품을 상점에 분배하는 일을 담당한다. 물론 이 모든 것은 복잡한 과정을 통해 이루어진다. 그러므로 제품에 대한 어떤 아이디어가 인기 상품의 탄생으로 이어지기 위해서는, 이 모든 과정이 순차적으로 보조를 맞추며 진행되어야 한다.

예를 들어 설탕을 함유한 레몬즙으로 시작해 세계적으로 널리 알려졌고, 더 이상 혼동할 여지가 없는 '코카콜라'라는 브랜드를 만들어낸 것은 마케팅의 탁월한 업적이었다. 이제 코카콜라는 단순한 음료수가 아니라 하나의 문화를 대표하게 되었다.

유명 브랜드는 소비자가 그 물건으로부터 얻는 효용에 영향을 미친다. 소비자들은 새로 구입한 상품도 지난번에 구입했던 상품처럼 만족스러울 것이라는 확신을 얻게 되는 것이다.

유명 브랜드 제품은 일정하게 유지되는 최상의 품질, 한눈에 알아볼 수 있는 겉포장, 혼동의 여지가 없는 뚜렷한 이미지를 보여주어야 한다.

광고는 어떤 역할을 할까?

코카콜라, 맥도날드, 포르셰 등의 낱말들이 귀에 들리기만 해도 사람들은 그것이 무엇을 말하는 것인지 곧바로 알아차린다. 그리고 이 제품들이 널리 알려진 데에는 광고가 큰 몫을 차지했다. 텔레비전과 잡지 광고, 행사를 이용한 광고를 통해 제품을 널리 선전했기 때문이다.

심지어 어떤 브랜드 상품은 특정한 제품을 총괄하는 개념과 같은 말로 사용되기도 한다. 예를 들어 굳이 다른 회사 이름을 대지 않는 이상 '코크'나 '콜라'를 주문한다는 것은 곧 코카콜라를 마시겠다고 동의한 것이나 마찬가지이다. 또 모형 자동차를 좋아하는 아이들이 스포츠카를 그릴 때면 대부분 포르셰 911의 윤곽 이미지를 그대로 따라 그리곤 한다. 이 브랜드들이 우리가 특정한 품목들에 대해 갖고 있는 이미지를 지배하기 때문이다.

그런데 이러한 브랜드를 만들어내기까지는 만만치 않은 비용이 들어간다. 보통 저녁 8~9시 사이에 방영되는 공중파 텔레비전의 광고료는 15초에 1,000만 원이 훨씬 넘는다. 유명 브랜드의 경우 이러한 시간대에 집중적으로 광고를 내보내는 한편 텔레비전 이외의 매체에도 지속적으로 광고를 한다.

대기업들이 브랜드 가치를 높이기 위해 각종 스포츠 경기나 올림픽, 월드컵 등의 행사에 후원사로 등록하여 제공하는 돈도 천문학적이다. 현대자동차는 2006년 독일 월드컵의 공식 후원사로, 대회에 사용되는 차량을 제공하고 로고가 표기된 광고판을 경기장에 설치했는데, 경기장의 광고판은 텔레비전을 통해 전 세계에 노출되었다. 이러한 효과를 얻기 위해 현대자동차가 지불한 금액은 1,000억 원 이상에 달한다고 알려져 있다. 회사는 월드컵이 세계 213개국에 중계되어 350억 명이 시청했을 때 그 광고 효과는 9조 원에 달한다고 했다. 얼핏 들으면 90배의 돈을 벌어들이는 것으로 착각하기 쉽다. 그러나 실제로는 이 모든 나라에 판매망을 갖추고 있는 것은 아니기 때문에, 이러한 광고가 실제 매출과 기업 이익으로 연결되기까지는 많은 과정을 거쳐야 한다.

이처럼 엄청난 광고료를 지불하는 기업들로 인해 광고대행사와 대중매체들은 많은 이익을 얻는다. 만일 신문, 잡지, 텔레비전, 라디오에서 브랜드 상품에 대한 광고를 없애버리면, 인쇄매체도 전자매체도 존재하기 어려울 것이다.

광고비는 누가 지불하는 것일까?

기업에는 더할 나위 없이 중요하지만, 광고는 때론 우리를 매우 불쾌하게 하기도 한다. 영화를 기다리는데 한정 없이 계속되는 광고, 절반 이상이 온갖 광고로 채워진 신문, 어디를 가나 눈을 찌르는 도시의 조명광고들. 광고가 은연중에 끼치는 영향에서 벗어나는 것은 쉽지 않다. 그런데 그 수많은 광고에 들어가는 광고비는 다 어디에서 나오는 걸까?

사실 광고비는 대부분 소비자, 엄격히 말하자면 광고를 하는 브랜드 제품을 산 사람들이 지불한다. 예를 들어 교복의 경우 연예인이 모델로 나와 광고하는 유명 브랜드 교복은 그렇지 않은 제품에 비해 값이 비싼 편이다. 소비자 단체의 조사 결과를 보면 옷감의 질이나 바느질, 그리고 기타 다른 면에서 별 차이가 없다고 하는데도 말이다. 따라서 우리는 유명 브랜드 교복과 그렇지 않은 교복 사이의 차액만큼 브랜드 교복의 광고료를 지불하는 셈이다.

이처럼 광고는 때론 상당한 가격 상승의 원인이 되기도 한다. 특히 광고와 신상품 출시에 막대한 자금을 투입하는 분야가 자동차산업인데, 자동차회사는 새로운 차량을 출시하면서 운전자들의 관심을 끌기 위해 광고비로만 몇백 억의 비용을 쏟아 붓는다. 만일 소비자들이 자동차를 공장에 가서 직접 인수하고, 비싼 이미지 광고, 화려한 자동차 전시장, 불필요한 무상 서비스와 무상 수리를 줄일 경우 자동차 가격은 대략 20~30퍼센트 정도는 내려갈 것이다. 또 자동차를 인터넷으로 직접 주문할 수 있게만 해도 자동차회사는 소비자에게 좀더 낮은 가격으로 자동차를 공급할 수 있을 것이다.

지나친 광고는 또한 사람들에게 잘못된 정보를 심어주기도 한다. 매체 광고 가운데 상당 부분을 차지하는 분야가 유제품 분야인데, 한때 신생아 분유 광고가 경쟁적으로 계속되던 시기가 있었다. 꼭 분유 광고 때문만은 아니겠지만, 그 당시에는 누구나 분유를 먹이는 것을 당연하게 여겼다. 그리고 이러한 이유 때문인지 우리나라는 지금도 모유 수유 비율이 낮은 편이다. 지금은 분유 광고가 금지되자 대대적인 이유식 광고로 분유 광고를 대신하고 있다.

비브랜드 제품을 생산하는 이유는?

광고를 많이 하는 유명 브랜드 제품의 높은 가격에 대해 부정적인 생각을 가지고 있는 사람도 많다. 게다가 가격에 민감한 소비자들은 갈수록 귀찮게 느껴지고 신경에 거슬리는 광고에 더 이상의 비용을 지불하고 싶어 하지 않는다.

하지만 제각기 생활 형편이 다른 모든 소비자들에게 유명 브랜드 제품만을 사라고 인스턴트식품과 화장지에마저 수억 원씩 들여 광고를 하는 판국에, 광고를 피하고 싶은 사람들에게 선택의 여지가 있기는 할까?

그러나 아직 선택의 기회는 남아 있다. 브랜드의 횡포는 사실 어제오늘의 일이 아니다. 그래서 거의 모든 대형 할인마트들은, 특히 일상용품 분야에서는 실속형 제품을 개발하고 있으며, 값비싼 브랜드 제품에 대한 대안으로 "품질은 좋고 가격은 싸게"라는 모토 아래 다양한 상품들을 빠짐없이 구비하여 진열해놓고 있다. 이러한 제품을 광고를 많이 하는 제품들과 비교해보면, 가격 면에서 차이가 나는 경우가 많다.

그렇다고 해서 품질에 문제가 있다고 볼 수 있을까? 물론 '가격이 저렴한 비브랜드' 제품들 중 몇몇은 유명 브랜드 제품의 세련된 마무리와는 조금 거리가 있을지도 모른다. 하지만 실제로 그런 경우는 매우 드물다. 또한 비브랜드 제품이 실제로는 유명 브랜드 제품과 긴밀한 관계에 있는 경우도 있다. 비브랜드 제품들이 유명 브랜드 제품을 생산하는 대기업에서 생산되는 경우도 많기 때문이다. 즉, 최고급 제품 생산자가 이름 없는 제품을 생산하기도 한다는 뜻이다. 최고급 제품과 저렴한 비브랜드 제품을 동시에 생산하는 이유는 생산시설을 최대한으로 가동할 수 있기 때문이다. 유명 브랜드 제품만으로 공장을 최대한으로 가동할 수 없기 때문에 저가 브랜드가 그 해결책으로서 생산자에게 환영받고 있는 것이다.

게다가 의류 등은 전 과정을 자신들이 직접 생산하는 것이 아니라 하청업체를 통해 생산하는 경우가 많다. 따라서 유명 브랜드 제품이나 비브랜드 제품이나 같은 공장에서 만들어지는 경우도 많다.

유행 상품을 할인판매하는 이유는?

유명 브랜드의 신상품 청바지는 몇 달 전부터 기다렸던 것이고, 독특한 디자인의 티셔츠도 절대 포기할 수 없었다. 그런데 기다리고 기다리다 손에 넣기가 무섭게 유행이 지나가버린다.

물론 많은 사람들이 티셔츠나 청바지 하나에 왜 그렇게 호들갑을 떨까 생각하겠지만 유행에 민감한 사람들에게는 중요한 문제다. 하지만 유행 상품은 그 시기가 지나면 곧 잊혀지곤 하는데, 계절을 타는 상품들은 특히 더 그런 편이다. 여름에는 겨울 외투, 털모자, 스키 용품을 찾는 사람이 없고, 겨울에는 수영복과 샌들이 거의 팔리지 않는다. MP 3 플레이어와 전자사전은 크리스마스와 연말연시, 졸업과 입학 시즌에 많이 팔린다.

이와 같은 사람들의 구매 습관을 잘 파악해두는 것이 가격을 따져보는 소비자들에게 큰 도움이 되기도 한다. 굳이 최신 유행을 따를 필요가 없는 사람이라면, 성수기 상품이 대폭 할인된 가격으로 판매될 때 물건을 구입하면 된다. 특히 옷의 경우 보통 1월 말에는 겨울옷 할인판매를 하고, 7월 말에는 여름옷 할인판매를 한다. 이때에는 30~70퍼센트 할인된 가격에 판매하는 물건도 많은데, 이 시기에 유통업자들은 상품을 보관해두는 창고를 완전히 비워야 하기 때문이다. 즉, 새로운 상품을 받아서 쌓아둘 공간을 마련하기 위해 할인된 가격에라도 상품을 처분하려고 하는 것이다. 이렇게까지 했는데도 팔리지 않은 상품은 그보다 더 싸게 파는 매장으로 옮겨 판매하기도 한다. 그런데 한 가지 알아두어야 할 것은 이러한 상품이라고 해서 문제가 있거나 몇 년 지난 중고품만 있는 것은 아니라는 것이다.

디자이너들이 손수 만든 값비싼 옷들은 반드시 정해진 가격을 고수하는 것처럼 보이지만, 이 경우에도 사정은 마찬가지이다. 디자이너 브랜드도 창고와 매장을 비워야 하는 세일 기간은 반드시 있게 마련이다.

이렇듯 여기저기 잘 찾아보면 상품을 저렴하게 구입할 수 있는 방법들이 많이 있다.

독과점은 왜 규제하는가?

다수의 생산자가 공급하는 상품의 경우에는 물건을 사기 전에 값을 흥정하기도 한다. 동대문이나 남대문의 의류상가처럼 같은 품목을 파는 많은 상인들이 한곳에 몰려 있는 곳은 그러한 묘미를 즐기는 사람들이 즐겨 찾는 곳이다. 그런데 공급자가 몇 안 되는 시장에서도 이러한 일이 가능할까?

경제학에서는 그러한 상황을 '독과점'이라고 한다. 시장경제의 관점에서 보자면 독과점은 자유경쟁의 원칙에서 벗어나 경제 질서를 왜곡시키는 것이다. 독과점 기업들이 자신들의 시장 지배력을 악용하여 그들이 거래하는 개인이나 기업에 피해를 줄 수 있기 때문이다.

어떤 상품을 만드는 기업이 하나만 있는 경우를 '독점', 둘일 때를 '복점', 소수 몇몇이 있는 것을 '과점'이라고 한다.

예를 들어 서울에서 부산까지 기차를 타고 가려는 사람에게는 선택의 여지가 없다. 주머니 사정에 따라 KTX나 새마을호나 무궁화호나의 차이는 있겠지만 한국철도공사의 기차를 탈 수밖에 없다. 한국철도공사와 경쟁을 벌일 수 있는 다른 철도 기업이 없기 때문이다. 이처럼 하나의 공급자가 경쟁 없이 시장을 지배하면서 가격을 마음대로 주무르는 것을 '독점'이라고 한다.

공급만이 아니라 수요 측면에서도 독과점이 발생할 수 있다. 중소 규모의 한 생산업체가 유통시장을 지배하고 있는 거대 할인마트 체인점의 주문에만 의존하고 있다면, 구매자인 할인마트는 생산업체에 대해 특정한 가격을 요구할 수 있다. 할인마트 쪽에서는 구매가격을 최대한도로 낮추기 위해 노력할 것이고, 생산자로서는 구매자의 가격 독재에 굴복하는 것 이외에 다른 방법이 없다. 그러지 않으면 상품을 팔 곳이 없어지기 때문이다.

물론 불가피하게 독점 현상이 나타나는 경우도 있는데, 이러한 일은 철도, 전기, 상수도 등과 같이 초기에 막대한 비용이 드는 사업에서 주로 발생한다. 막대한 비용을 들여가면서 같은 구역 내에 따로 철로나 전선로, 수도관을 만드는 것은 불필요한 일이기 때문이다. 게다가 이런 사업들은 투자비가 많이 드는 데 비해 수익은 조금씩 오랫동안 발생한다. 그렇기 때문에 이윤 추구를 목적으로 하지 않는 정부나 공기업이 주로 담당해왔다. 그런데 이들 기업의 효율성이 문제가 되면서 점차 민간 기업쪽으로도 확대되고 있다.

한편 특허기술을 보유한 기업도 독점기업이 될 수 있다. 예컨대 새로운 백혈병 신약을 개발했다면 비싼 값을 받을 수 있다. 또한 다른 기업은 이 약을 생산할 수 없도록 특허권을 보호받게 된다. 특허권이 보호되지 않으면 아무도 기술개발에 적극적으로 나서지 않을 것이기 때문에 정부도 이를 인정할 수밖에 없다.

그렇지만 이러한 경우들을 제외하고는 대부분의 독과점은 정부의 규제를 받게 된다. 하지만 현실에서는 그것이 말처럼 쉽지만은 않다. 예를 들어 미국의 마이크로소프트 사는 컴퓨터 운영체제인 윈도 프로그램이 세계 컴퓨터 시장의 90퍼센트 이상을 장악하고 있다는 점을 악용하여 윈도에 메신저나 미디어플레이어를 끼워서 판다. 이로 인해 소비자들은 다양한 제품에 대한 선택권을 잃게 되고, 다른 프로그램 개발 회사는 공정한 경쟁을 할 기회를 잃게 된다. 그래서 세계 각국에서 정부와 마이크로소프트 사 사이에 마찰이 빚어지기도 한다. 하지만 거의 모든 컴퓨터의 운영체제를 독점하고 있는 이 회사에 규제를 가한다는 것은 쉬운 일이 아니다.

카르텔은 왜 환영받지 못할까?

　시장경제라는 측면에서 보자면 자유로운 경쟁이 이루어지는 것은 좋은 일이다. 다수의 공급자와 수요자가 참여하는 시장경쟁을 통해 모든 이들의 이해관계를 가장 훌륭하게 조정할 수 있기 때문이다. 공급자는 지나치게 높은 가격을 받을 수 없고, 수요자도 지나치게 낮은 가격을 요구할 수 없다.

　그러나 사실 눈에 보이지 않아서 그렇지 많은 기업들이 동일한 업종의 다른 기업들과 경쟁하는 대신 서로 협력하면서 이익을 얻기도 한다. 이를 위해 자신들이 만든 상품을 정해진 가격으로만 공급하거나, 생산량을 줄이고 가격을 올리는 방식에 합의하기도 한다. 이렇듯 기업들이 서로 협정을 맺어 연합하는 것을 '카르텔(cartel)'이라고 한다.

　세계적으로 유명한 카르텔 가운데 하나가 바로 석유수출국기구(OPEC)이다. 주요 산유국들이 가입한 이 단체는 원유의 가격과 생산량을 결정한다. 따라서 석유 의존도가 높은 산업에 주력하는 나라들로서는 이들의 결정에 늘 민감할 수밖에 없다.

석유수출국기구는 원래 강대국들의 무분별한 석유 약탈에 대항하기 위해 생각해낸 비상대책기구의 성격이었으나, 곧 강력한 카르텔로 바뀌었다. 그리고 담합을 통해 1973~1974년과 1978~1980년, 두 번에 걸쳐 세계적으로 심각한 '석유위기'를 불러일으켰다. 하지만 그 이후로 한동안 석유수출국기구의 힘은 많이 약화되었는데, 특히 선진공업국들이 다른 에너지원들을 많이 개발했기 때문이다.

그런데도 원유 가격은 여전히 불안정하고 높다. 이는 매장된 원유가 언젠가는 고갈될 것이라는 불안감 때문이다. 그래서 늘 원유 매장량이 많은 중동의 정세는 불안하며, 그 배경에는 원유를 확보하기 위한 강대국들의 이해관계가 얽혀 있다.

자본주의 국가에서는 자유로운 경쟁을 방해한다는 이유로 카르텔과 개별 회사들의 가격 담합을 법으로 금지하고 있다. 하지만 그것을 제재하는 것이 쉽지만은 않은 것이 현실이다.

소수의 공급자만 있는 시장에서는 어떤 일이 일어날까?

시장에 극히 소수의 공급자들만 있을 때는 시장 자체가 위협을 받게 된다. 최악의 경우에는 두 개의 기업끼리만 경쟁하기도 하는데, 그와 같은 상황에서는 치열한 경쟁이 벌어지거나 두 기업이 공존하며 함께 이익을 얻을 수 있다.

휘발유 가격을 예로 들어보자. 주유소들마다 휘발유 가격이 조금씩 다른 것을 보면 정유회사들 사이에 치열한 경쟁이 벌어지고 있는 것처럼 보인다. 그런데 휘발유의 소비자가격이 오를 때는 SK, S-OIL, GS 칼텍스, 현대오일뱅크 할 것 없이 정유회사들이 모두 발 맞추어 움직인다. 그렇게 노골적으로 보조를 맞추어 행동하는 까닭은 바로 원유 가격에 있다. 모든 소비자들이 국제 원유 가격이 치솟고 있다는 정보를 접하고 있기 때문이다. 소비자들은 자동차에 기름을 넣을 때마다 원유 가격이 올랐을 것이라고 생

제조업체들의 가격 담합은 교복의 경우도 예외가 아니다.

각하면서 휘발유에 붙는 높은 세금만을 탓한다. 사실 휘발유에 붙는 세금이 60퍼센트가 넘기 때문이다.

하지만 국제 원유 가격이 높은 해의 정유회사들의 순이익은 그렇지 않은 해보다 몇 배씩 늘어나고, 정유회사 직원들의 연봉 순위 또한 덩달아 올라간다. 비싼 원유 가격을 핑계로 정유회사들이 가격 담합을 하고 있는 것으로 보이지만, 이를 밝혀내기는 쉽지 않다. 그것이 실제 사실로 밝혀진 것은 2007년에 들어서이다. 그러나 그것도 극히 짧은 기간의 판매분에 대해서만 확인되었을 뿐이다.

공급자가 소수인 시장에서 거대한 두 회사가 치열한 경쟁을 벌이는 예로는 국제항공기산업이 있다. 유럽의 에어버스 사와 미국의 보잉 사가 제트여객기 시장의 대부분을 점유하고 있기 때문에 두 회사는 치열한 경쟁을 벌이고 있으며, 이러한 두 회사의 경쟁은 더 나아가 국제정치를 움직이기도 한다.

소비자에게는 어떤 권리가 있을까?

어떤 날은 무엇 하나 되는 일이 없다. 벼르고 별러 옷을 사러 갔더니 맞는 옷이 하나도 없다. 고르고 골라 겨우 하나 샀지만, 집에 와서 보니 엉망이다. 생각보다 불편한 바지에 잘 보이지는 않지만 구멍까지 난 스웨터를 보고 있자니 속이 끓기 시작한다.

이런 경우 화를 내며 펄펄 뛰기에 앞서 분명히 알아두어야 할 것이 있다. 우리에게는 소비자로서의 권리가 있다는 사실이다. 어쨌든 스웨터는 공짜가 아니라 제값을 주고 산 것이다. 당연히 우리에게는 문제가 없는 완벽한 상품으로 교환받을 권리가 있다. 구멍이 난 스웨터는 정품이 아니므로 서둘러 옷가게로 들고 가서 교환해야 한다.

그런데 가게 점원이 자기가 스웨터를 팔 때까지는 아무런 문제가 없었다고 주장한다면 어떻게 해야 할까? 물론 고객이 그렇지 않다는 것을 증명하면 되지만, 대개는 그걸 증명하기가 어렵다. 안타깝게도 권리가 있다는 것과 권리를 행사한다는 것은 조금 다른 문제라고 볼 수 있다. 하지만 이럴 때는 자신이 처한 상황과 요구사항을 분명하게 말하는 것이 좋다. 그리고 충분하게 의사를 전달했다면, 점포에 따라 돈을 돌려받거나 결함이 없는 물건으로 바꾸거나 아니면 물품 교환권을 받을 수 있다.

그런데 비싼 모피코트를 금요일이나 토요일에 구입했다가 그 다음주 월요일이나 화요일에 특별한 이유도 없이 반품하겠다고 할 때는 일이 어려워진다. 그때 고객은 점원이 모피코트를 샅샅이 살펴보더라도 이를 감수해야 한다. 점원은 고객이 모피코트를 입고 주말에 외출했으면서도, 마치 한 번도 입지 않은 것처럼 반품하려고 하는지 확인하려고 할 것이다. 옷가게로서는 이미 사용한 섬유제품에 흠이 없는데도 반품을 받아줄 의무가 없다.

그러나 거래가 이루어지기 전에 발생한 상품의 결함을 소비자가 알지 못하고 구입한 경우에는 판매자는 반품된 상품을 받아주어야 한다. 이것은 재고처리 판매나 영수증에 '반품 불가'라고 표시하여 판매한 상품이라 할지라도 마찬가지다. 이런 염가 상품을 살 때도 구매자들은 당연히 결함이 없는 제품이라고 생각하고 돈을 지불했기 때문이다. 물론 반품은 되도록 신속하게 하는 것이 좋다. 통신판매나 홈쇼핑으로 주문하는 물건에도 반품 기간이 정해져 있는데, 이 경우 고객에게 허용된 반품 기간은 14일이다. 그 기간 동안 고객은 마음에 들지 않는 상품을 다시 돌려보낼 수 있다.

음식점에서 음식이 상했거나 도저히 먹을 수 없을 정도로 짜다면, 손님은 이에 대해 항의할 수 있고, 주인은 음식을 다시 제공해야 한다. 물론 다 먹고 난 뒤에는 아무리 항의를 해도 소용이 없지만 말이다. 하지만 대부분

2004년 시중에서 판매하는 만두에 불량 재료가 사용된 것이 적발되자, 소비자들은 이러한 만두를 제조하고 판매한 업체와 보건 당국에 항의하면서 '소비자의 권리'에 대해 다시 한 번 강조했다.

의 음식점에서는 문제가 있는 음식에 대해서는 돈을 받지 않거나 제대로 된 음식을 다시 내온다.

가게 주인이 손님의 불만을 받아들이지 않거나 통신판매나 홈쇼핑으로 구입한 물건의 반품을 받아주지 않아서 분쟁이 벌어졌을 때는 소비자원에 도움을 요청할 수 있다. 소비자원에 직접 방문하거나 전화나 인터넷을 이용해 도움을 청할 수 있는데, 소비자원은 소비자의 불만을 접수하여 우선 해당업체에 불만사항을 통고하고 문제를 해결하도록 한다. 그러나 판매자가 이를 수용하지 않을 경우에는 법적 분쟁으로까지 이어지기도 한다.

2장

노동과 소득의 경제

노동이란 무엇인가?

　가사노동, 패스트푸드점에서의 계산, 컨베이어 벨트에서 이루어지는 분업, 자동차 수리, 건축공사장의 막일, 국가대표팀의 축구시합, 배추 농사, 의사의 진료, 기자의 기사 쓰기……. 국민경제의 관점에서 봤을 때 우리는 정확히 무엇을 일컬어 노동이라고 할 수 있을까?

　사전적 의미에서 노동이란 "생존을 유지하고 개별적인 욕구를 충족하기 위해 인간이 벌이는 의식적이고 목표지향적인 행동이자 자신의 존재를 실현하는 본질적인 계기"라고 정의된다.

　이렇게 보면 어쩐지 학교공부나 부모님을 도와 대청소를 하는 것은 정식 노동에 속하지 않는 것처럼 들리기도 하는데, 좁은 의미로 본다면 그렇다고 할 수 있다. 노동의 중요한 특징은 경제적인 목적을 추구하는 데 있다. 다시 말해 노동의 대가로 임금을 받아서 필요한 재화를 구하는 데 있는 것이다. 노동에는 육체노동과 정신노동이 모두 포함되는데, 공장의 생산라인에서 이루어지는 육체노동 또는 공사장의 막노동만이 노동은 아니다.

노동에 대한 다른 정의들을 살펴보면 노동은 독립노동과 종속노동으로 구분된다. 독립노동은 자신의 책임하에 자신의 비용으로 이루어지는 노동이고, 종속노동은 다른 사람에게 고용되어 고용주의 책임하에 고용주의 비용으로 이루어지는 노동을 의미한다. 경제이론에서는 이러한 노동을 자본, 토지와 더불어 재화와 서비스를 생산하는 데 필요한 생산의 세 가지 요소라고 한다.

그 밖에도 노동의 사전적 의미에는 인간이 노동 과정과 그 결과물을 통해 자신의 존재 가치를 드러내고 실현한다는 철학적인 의미가 포함되어 있다.

이 책에서 언급하는 노동이란 주로 돈을 벌어서 자신의 생계를 책임지기 위해 타인에게 제공하는 육체적 또는 정신적인 형태의 노동, 즉 '임금노동'이라는 의미로 사용된다.

미성년자도 일을 할 수 있을까?

아동노동이라는 말을 들으면 누구나 뉴스에서나 보았을 법한 가난한 나라의 착취당하는 어린이, 기아임금, 끔찍한 노동조건을 떠올린다. 하지만 학교에 다니면서 일하는 청소년들이 우리 주변에도 꽤 많이 있다.

많은 청소년들이 여러 가지 이유로 아르바이트를 하고 있다. 필요한 돈의 액수는 많아진 데 비해 용돈이 적거나, 용돈 정도는 직접 벌어서 쓰겠다고 생각하기 때문이다. 또 용돈이 아니라 가족의 생계를 돕기 위해 일을 하는 청소년들도 많다.

어른들과 마찬가지로 청소년의 아르바이트 또한 근로기준법의 적용을 받는다. 근로기준법에 따르면, 만 14세 이하 어린이의 고용은 원칙적으로 금지되어 있다. 그리고 13~14세까지의 청소년이 취업을 하기 위해서는 노동부 사무소로부터 여러 가지 까다로운 조건을 제시하고 있는 취직인허

증을 받아야 한다. 13세 미만일 경우에는 연기자, 가수 등과 같은 공연 예술 활동을 하는 경우에만 예외적으로 일을 해서 돈을 벌 수 있다. 이러한 제한을 두는 이유는 만 15세가 안 된 청소년은 의무교육을 받아야 하기 때문이다.

청소년이 일을 할 수 있는 최대 시간은 하루 7시간, 일주일에 42시간을 넘을 수 없다. 또 일하는 시간도 오전 10시부터 오후 6시까지의 수업시간은 제외해야 한다. 그리고 청소년이라 할지라도 최저임금 이상의 임금을 보장받을 권리가 있다. 한 회사에서 3개월 이하의 짧은 기간 동안 근무할 경우에는 최저임금의 90퍼센트, 3개월 이상 근무할 경우에는 어른과 같이 최저임금 이상을 보장받을 수 있다. 최저임금은 매년 인상되는데, 2007년의 경우 시간급 3,480원, 일급 2만 7,840원이다.

그런데 많은 청소년들이 최저임금 이하의 임금을 받고 일을 하고 있다. 고용주들이 나이가 어리다는 점을 악용하는 것인데, 이러한 경우에는 노동부에 도움을 요청할 수 있다.

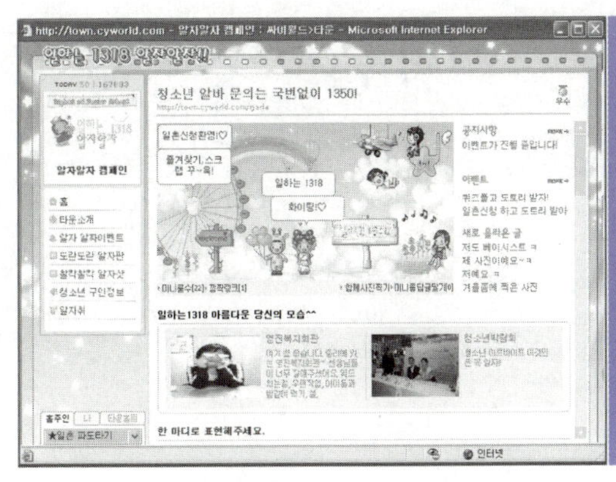

일하는 청소년들의 권리 보호를 위해 노동부에서 실시하는 "일하는 1318 알자알자!" 캠페인(http://town.cyworld.com/rjarja)

하루에 몇 시간이나 일을 해야 할까?

    회사원들은 대부분 오전 8~9시 사이에 근무를 시작하여 오후 5~6시 사이에 일과를 마친다. 그리고 그 사이에 한 시간의 점심시간을 갖는다. 한편 많은 공장에서는 평일 일과가 오전 7시에 시작되어 오후 4시에 끝난다. 하루 3교대로 근무하기 때문에 교대시간을 맞추기 위해서인데, 그래야 기업은 값비싼 공장 설비를 24시간 내내 쉬지 않고 가동할 수 있다.

    우리나라의 법정 근로시간은 과거 1주 48시간에서 1989년에 44시간으로, 그리고 2004년에 토요 휴무제가 실시되면서 1주 40시간으로 줄어들어 국제노동기구(ILO)의 권고기준을 맞추게 되었다. 연간 휴가일수는 회사의 규칙, 노동조합과의 협약, 근무 기간에 따라 다르지만 법적으로는 1년에 최저 15일부터 최고 25일까지가 보장되어 있다. 그 밖에도 여성이라면 매월 1일의 무급 생리휴가를 받을 수 있다.

　그러나 이러한 노동시간은 단지 법적인 규정일 뿐이다. 실제로 우리나라의 연간 노동시간은 2005년을 기준으로 했을 때 2,354시간으로, 경제협력개발기구(OECD) 회원국 가운데 제일 길다. 그에 비해 미국이나 일본은 1,700여 시간, 유럽연합은 1,300~1,700여 시간 정도이고, 우리와 경제 수준이 비슷한 나라들 가운데에도 우리나라보다 노동시간이 긴 나라는 없다. 즉, 우리나라 사람들이 법정근로시간 이외에도 시간 외 근무를 거의 매일 하다시피 하고 있는 것이다. 물론 시간 외 근무에 대해서는 보통의 임금보다 50퍼센트가 가산된 시간 외 근무수당이 지급된다. 노동자들의 임금이 많이 올랐다고는 하지만 여전히 소득의 많은 부분을 시간 외 근무로 채우고 있다.

　그런데도 청년 실업은 갈수록 심해지고 있고, 이른바 구조조정으로 정리해고되는 사람도 늘고 있다. 어떻게 보면 일을 안 해서 문제가 아니라 일을 너무 많이 해서 일자리가 고루 분배되지 않고 있는 셈이다. 그래서인지 유럽 국가들처럼 노동시간을 줄이는 대신 일자리를 늘려야 한다는 주장이 제기되고 있다.

창업을 하려면 어떤 과정을 거쳐야 할까?

창업을 하려는 사람은 사업 아이디어와 자금이 있어야 한다. 일단 아이디어가 떠올랐다면 무엇을, 어떻게, 왜, 어떤 자금을 가지고, 어떤 위험과 어떤 성과를 예상하며 사업을 하려고 하는지 꼼꼼하게 계획을 세워야 한다.

또한 사업에 필요한 기본적인 조건을 확인해야 한다. 사업을 하려면 나이가 최소한 만 20세는 되어야 하는데, 민법상 성인으로 인정되어야 사업자등록을 할 수 있고 계약과 같은 법률행위를 할 수 있기 때문이다. 만 20세 이전이라도 사업자등록을 할 수는 있다. 다만 미성년자가 계약과 같은 법률행위를 할 경우 법적 보호를 받는 데 한계가 있으므로, 이때는 법적 대리인의 동의가 필요하다. 그 밖에 회계와 인력 관리 등에 필요한 기초적인 지식도 갖추고 있어야 한다.

사업 계획의 핵심은 사업 아이디어를 어떻게 실행에 옮길 수 있을 것인지를 상세하게 기술하는 것이다. '어떤 재화나 서비스를 생산하여, 얼마의 가격으로 판매할 것인가?' '거기에 필요한 직원은 몇 명이나, 어느 정도의 급여를 주고 채용할 것인가?' '어떤 기계나 설비 또는 컴퓨터를 구입할 것인가?' '사업장은 어디에 둘 것이며, 자본은 얼마나 투입해야 하는가?' '하고자 하는 사업의 주변 환경은 어떠하며 경쟁자는 얼마나 되는가?' 이러한 여러 사항들에 대해 자세히 기술하는 것이 좋다.

그런데 문제는 돈이다. 사회생활을 막 시작하는 청년들이 은행에서 돈을 빌리는 것은 쉽지 않다. 또한 정부가 지원하는 창업지원금도 청년 창업자에게는 혜택의 기회가 거의 없다. 그래서 청년 창업을 하려는 사람들은 투자비가 적게 드는 아이템을 찾게 된다. 예컨대 인터넷 통신망을 이용한 사업은 가게를 내고 고객을 직접 만날 필요가 없으므로 투자비가 훨씬 적게 든다. 하지만 무엇보다도 중요한 것은 자신이 잘할 수 있고, 또 좋아하는 일을 하는 것이다.

심각한 취업난과 몇몇 청년 사업가의 성공으로 인해 창업을 생각하는 젊은이들이 점점 늘고 있다. 그러나 창업을 시작하기에 앞서 하고자 하는 사업이 정말 하고 싶은 일인지 곰곰이 생각해보아야 한다. 만약 목표 의식이 뚜렷하고 사업 계획이 제대로 갖추어졌다면, 그 다음에 필요한 것은 실패를 두려워하지 않는 마음으로 자신만의 사업에 도전하는 것이다.

분업을 하면 어떤 점이 좋을까?

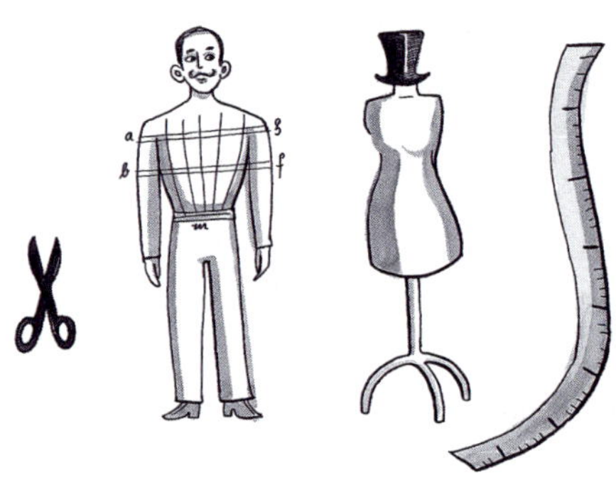

옛날에는 한 사람이 신발 한 켤레를 혼자 만들었지만, 오늘날에는 그렇게 주문을 받아서 신발을 만들다가는 종업원 월급도 감당하기 어려울 것이다. 요즘에는 신발, 옷, 자동차 등 거의 모든 제품을 수많은 기계와 근로자들이 수없이 많은 개별 과정을 통해 생산하고 있다.

오래전부터 인간은 분업을 통해 생산을 늘렸고, 늘어난 재화를 서로 교환함으로써 풍요로운 생활을 누릴 수 있었다. 애덤 스미스는 그의 저서 《국부론 *The Wealth of Nations*》에서 분업이 생산력 증가의 원동력이라는 사실에 주목하고, 부의 증대를 위해 노동 과정을 더욱 분할해야 한다고 주장하고 있다. 그는 분업을 통해 생산성의 향상뿐만 아니라 제품의 품질도 높일 수 있다고 생각했다.

이후 대량생산이 필요한 거의 모든 산업에서 노동 과정을 수많은 개별 과정으로 나누어 생산하는 방법이 도입되었는데, 그 대표적인 예가 컨베이어 벨트 시스템이다. 컨베이어 벨트 시스템이 도입되면서 각각의 노동자는 컨베이어 벨트를 통해 자동으로 지나가는 반제품에 자기가 맡은 지극히 간단한 부분 작업만을 수행하게 되었다. 따라서 재화생산에 필요한 시간과 비용이 대폭 절감되었고, 재화의 대량생산은 이러한 기업의 노동 분업과 자동화된 기계 없이는 생각조차 할 수 없게 되었다.

그러나 과도한 노동 분업은 부정적인 결과를 낳기도 했다. 노동 과정의 지나친 분업화로 인해 업무가 단조롭고 지루해지자 노동자는 일에 흥미를 잃고 말았다. 그 결과 때로는 노동자의 무단 작업 이탈로 생산 과정에 문제가 생기기도 했고, 제품의 품질이 나빠지기도 했다.

이에 따라 과도한 분업이 초래하는 문제점을 극복하기 위해 1970년대에 들어 여러 단계로 분할되었던 생산 과정들이 조금씩 통합되었다. 특히 1980년대에는 점차 다양해지는 소비자의 욕구에 따라 단일 품목의 대량생산 대신 다품종의 소량생산을 선호하게 되면서 이러한 경향은 더 두드러졌다. 생산 과정의 통합에는 독자적인 작업집단에 제조 과정의 한 부분에 대한 책임을 맡긴 일본 자동차산업이 선구적인 역할을 했다. 5~6명의 노동자가 한 팀이 되어 팀이 해야 할 작업을 서로 도와가며 하는 이른바 '팀(team)제'를 도입한 것이다.

이와 같은 방식을 처음 시도한 일본의 자동차회사들은 이후 미국과 유럽의 자동차회사들보다 훨씬 빠른 성장세를 보이게 되었는데, 이러한 분업적 생산방식을 '포스트포디즘(Post-Fordism)'이라고도 한다.

컨베이어 벨트 앞에서 이루어지는 반복적인 단순노동을 풍자한 영화 〈모던 타임스〉의 한 장면

팀제의 도입은 노동자에게 노동 과정에 대한 책임감을 심어주고, 작업 과정에서 좀더 창의성을 발휘하게 하는 계기를 마련해주었다. 또한 한 노동자가 결근을 하더라도 다른 노동자가 그 일을 담당할 수 있게 되고, 기계의 작은 고장 정도는 팀 자체로 수리할 수 있게 되면서 생산이 중단되는 일도 줄어들게 되었다. 그리고 품질이나 노동 과정의 개선을 위한 여러 가지 창의적인 의견과 고안도 제시되었다.

이러한 장점들로 인해 이후 대부분의 주요 공업국들이 일본의 예를 따라 팀제를 활성화하기 시작했다.

일자리는 어떻게 만들어질까?

　통계수치로 나타난 2006년도 공식 실업률은 3.5퍼센트이고 실업자 수는 82만 7,000여 명이다. 하지만 실제 실업률은 이보다 훨씬 높다. 바로 통계의 허점 때문이다.

　'실업'이란 일할 능력과 의사가 있는 사람이 일자리를 갖지 못한 상태를 말한다. 그런데 실업자 통계를 낼 때에는, 아르바이트로 일주일에 단 한 시간씩만을 일해도 실업자에서 제외된다. 또 일자리를 구하려고 노력하다가 결국 구직활동을 포기한 사람도 이른바 '실망 실업자'로 분류되어 실업자에서 제외된다. 따라서 일주일에 18시간 미만을 일하는 82만 명과 실망 실업자 12만 명을 포함한다면 실업자 수는 177만 명이 된다.

　일반적으로 실업자는 경기가 좋아지면 줄어들고 경기가 나빠지면 늘어난다. 경제가 성장할 때에는 새로운 일자리들이 많이 생기는데, 일과 일자리는 결국 경제의 상태에 달려 있기 때문이다. 경제성장과 일자리 창출을 위해서는 기술혁신과 새로운 기술을 활용한 제품의 개발이 필요하며, 그와 같은 분야의 기업들이 많이 등장해야 한다.

장기적인 호황이 계속 이어진다면 구직활동을 포기한 사람들도 일자리를 찾게 될지도 모른다. 하지만 경제가 성장해도 좋은 일자리는 많이 늘지 않을 것이라는 의견이 많은데, 이는 우리 경제가 이른바 '고용이 없는 성장' 시대로 접어들었다는 것을 의미한다. 고용 인원이 많은 자동차, 철강, 조선, 섬유 등의 분야를 대신해서 고용이 적은 전기전자, 컴퓨터, 인터넷을 기반으로 하는 이른바 정보기술 분야의 비중이 커지고 있기 때문이다. 이러한 산업구조의 변화는 대기업에 반제품이나 부품을 제공하는 중소기업의 설 자리를 잃게 하고 일자리를 줄이는 데 한몫을 하고 있다.

그런데 이러한 실업과 일자리 부족의 문제는 어제오늘의 일이 아니다. 사실 1997년 외환위기 이후 갑자기 늘어난 실업자 문제를 해결하고 기업의 경쟁력을 키운다는 명목하에 이른바 '노동시장의 유연화' 정책이 도입되었다. 정리해고를 자유롭게 할 수 있는 권한을 기업에 주고, 고용에 있어서도 임시직이나 계약직과 같은 비정규직의 고용에 제약을 가하지 않아야 기업의 경쟁력도 높이고 향후 고용도 확대할 수 있다는 내용이었다. 그런데 경제가 성장하지 않는 가운데 이러한 정책들이 전개되면서 많은 문제점이 드러나게 되었다. 정리해고가 쉬워지고 비정규직 고용이 자유로워지자 실제 일자리 수는 늘지 않으면서 정규직이던 일자리가 언제든 해고할 수 있는 저임금의 비정규직으로 바뀐 것이다. 게다가 새로 늘어나는 일자리도 비정규직이 훨씬 많아서 결국 비정

기업이 노동력을 좀더 자유롭고 편리한 방식으로 고용하고 해고할 수 있게 하는 것을 '노동시장의 유연화'라고 한다.

규직이 정규직보다 많다는 통계까지 나오고 있다.

그래서 정부는 초과 근로시간의 단축과 노사협약을 통한 일자리 나누기를 추진하고 있다. 1990년대 유럽의 예처럼 근로시간을 단축하고 임금삭감을 감수하는 대신, 대량 해고를 줄이고 신규 인력을 채용해서 고용을 늘리자는 것이다. 물론 이를 위해서는 노동자와 기업가, 정부가 이러한 고통을 분담하고자 하는 합의가 있어야 한다.

정규직과 비정규직, 어떤 차이가 있을까?

  계약 기간이 끝나면 언제 해고될지 모른다. 나 아니라도 일할 사람은 많기 때문에 부당한 대우를 받더라도 감수해야 한다. 가족의 생계를 책임져야 하는 사람에게 이러한 비정규직의 처지는 견디기 힘든 고통이다.

  비정규직은 사실 그 범위가 대단히 넓고 형태가 다양해서 열거하기조차 쉽지 않다. 시간제 아르바이트, 건축공사장의 막일 등은 우리가 흔히 접할 수 있는 비정규직의 형태다. 또 보험모집인, 학습지 선생님처럼 실제로는 매일 일을 하면서도 성과급만 받는 사람들도 비정규직에 속한다. 그런데 이렇게 다양한 비정규직 중에서 주로 문제가 되는 것은 정규직과 같은 장소에서 같은 종류의 업무를 하면서도 차별 대우를 받고 있는 근로자들이다.

  예를 들어 울산에 있는 굴지의 자동차공장에서 일하는 모든 사람은 자동차를 만드는 일을 한다. 그런데 자동차회사에 직접 소속된 직원보다 자동차회사로부터 하청을 받거나 또 하청을 받은 회사로부터 재하청을 받은 회사의 직원이 훨씬 많다. 이들은 이른바 '아웃소싱(outsourcing)'이라는 말로 포장된 '파견제 근로자'다. 이들의 임금은 자동차회사에 직접 속해 있는 직원의 임금보다 훨씬 적고 계약 기간 또한 1년으로 규정되어 있다. 또 다른 예로 은행을 살펴보면, 은행 창

파견제 근로자가 아닌 철도공사의 직접고용과 정리해고 철회를 요구하며 KTX와 새마을호 승무원들이 시위를 벌였다.

구에서 근무하는 사람이라고 해서 모두 같은 은행원은 아니다. 그들 중 많은 사람이 1년 단위로 근무 계약을 하고 더 적은 임금을 받고 있는 계약직 사원이다. 자동차공장이나 은행의 예를 제외하고라도 이러한 방식의 취업자는 우리 사회 이곳저곳에 대단히 많이 있다.

이러한 비정규직 차별의 핵심은 두 가지다. 같은 장소에서 같은 업무를 하는데도 임금 차이가 많이 난다는 것과 실제로는 1년 동안만 필요한 일자리가 아닌데도 계약제로 근무하기 때문에 저임금을 받아들일 수밖에 없다는 것이다. 하지만 2006년에 비정규직에 대한 새로운 법안이 만들어지면서 한 직장에서 2년 이상 일할 경우에는 정규직으로 전환하는 것이 의무화되었다. 그런데 이 법안 때문에 2년이 되기 전에 해고될 가능성이 높아져 비정규직 직원들에게는 오히려 해가 될 수 있다는 주장도 나오고 있다.

노동의 가격, 임금은 어떻게 결정되는가?

거액의 수입을 올리는 유명 배우, 프로 선수, 은행장, 최고경영자들에 대한 이야기를 들으면 보통 사람들의 소득은 대개 보잘것없다고 느껴진다. 패스트푸드점의 시간제 아르바이트는 최저임금 정도이고, 건축공사장에서의 일당은 5~6만 원 정도 되지만, 그나마 일거리가 매일 있는 것도 아니다. 자동차공장의 파견제 근로자의 임금은 시간당 최저임금 수준에서 시작하여 경력이 쌓이면 조금씩 올라간다. 하지만 주 40시간 노동으로는 생계를 유지하기 힘들기 때문에 초과근무와 야간근무도 해야 한다. 물론 규모나 재정 면에서 안정적인 기업에 취직하면 사정은 좀 달라지겠지만, 이러한 경우에도 고소득과는 거리가 있다.

이들은 왜 은행장이나 프로 선수들이 자신들과 비교해 높은 소득을 올리는지 궁금해한다. '그 사람들은 일을 더 많이 할까, 아니면 재능이 더 뛰어

날까?' '더 좋은 교육을 받은 걸까, 아니면 그저 운이 좋은 걸까?'

기본적으로는 노동의 가격, 즉 임금은 노동시장의 수요와 공급의 원리에 따라 결정된다. 특별히 기업에서 원하는 어떤 분야의 기능을 가진 사람이 극히 소수일 경우에는 임금이 올라간다. 엄청난 임금을 받는 최고경영자들의 경우, 그만한 경력과 능력을 갖춘 사람이 소수이기 때문에 높은 임금을 받는 것이다.

만일 건설업이 호황이면 목수의 임금이 올라가고, 소프트웨어 산업이 호황이면 컴퓨터 프로그래머의 임금이 올라간다. 이러한 노동력이 손쉽게 늘어나지는 않기 때문이다. 그런데 이러한 산업이 불경기를 맞게 되면, 이들의 임금은 내려가거나, 심지어는 일자리를 얻기 힘들 수도 있다.

이른바 고소득자로 분류되는 의사, 변호사 등의 전문직업을 가진 사람들은 의사나 변호사 수를 늘리는 것을 반대하기도 하는데, 같은 업무를 하는 사람들이 늘어나게 되면 아무래도 희소성이 떨어져 소득이 낮아질 수밖에 없기 때문이다.

월급이나 연봉은 어떻게 정해질까?

"사장님, 월급 좀 올려주세요!" 당당한 모습으로 자기가 가진 능력과 업무 성과를 설명하고, 차를 한 잔 마시며 다음해 연봉에 대해 협상하는 일이 가능하다면 얼마나 좋을까?

그러나 대기업에서 일하는 사람에게는 보통 최고경영자 근처에까지 갈 기회가 별로 없다. 대부분의 사람들은 처음 취직할 때 제시된 그 회사의 연봉기준, 승진요건 등에 따라서 월급을 받는다. 그래서 입사를 결정할 때는 회사가 제시하는 월급이나 연봉의 기준과 근무조건 등을 꼼꼼히 따져보는 것이 중요하다. 이때 근로계약서를 작성하기도 하는데, 계약서를 작성하지 않았다 하더라도 출근을 해서 업무를 시작한 경우에는 회사에서 설명한 내용들이 계약 내용에 포함된 것으로 간주된다.

연봉이나 월급은 대개 1년에 한 번 인상된다. 노동조합이 있는 기업에서는 노동조합과 경영진 사이의 단체협약을 통해 합의한 인상률에 따라 노동자와 직원들에게 돈을 지불한다. 합의할 수 있는 내용은 돈만이 아니다. 휴가와 관련된 별도의 규정이 마련되기도 하고, 또 합의의 유효기간도 교섭을 통해 확정된다. 노동조합이 없는 경우에는 월급이나 연봉의 인상을 경영진이 결정하는데, 별다른 이유 없이 지나치게 월급이 적다면 인상을 요구할 수 있다.

요즈음은 기업들이 매년 근무 성과를 개인별로 평가하여 연봉을 정하는 방식을 채택하고 있다. 이때 중요한 기준이 되는 것은 업무 실적과 동료 또는 상사들의 평가다. 또 연봉을 정하기 전에 먼저 개인별 면담이 이루어지기도 한다.

한편 직업에 따라서 소득에 대한 명칭도 다르다. 보통 생산직 노동자들은 '임금'이라는 용어를 많이 쓴다. 이는 고용자와 피고용자 사이에 맺은 계약에 의해 노동의 대가로 지불되는 돈의 공식적인 용어가 '임금'이기 때문이다. 회사원과 공무원은 '연봉'이라고 하는데, 1년 동안 받을 임금을 총액으로 미리 결정한다는 의미이다. 그러나 여기에 큰 차이가 있는 것은 아니다. 엄밀한 의미에서 타인에게 고용되어 노동을 제공한 대가로 받는 모든 소득은 임금이다. 그러나 변호사와 의사 같은 자영업자는 타인에게 고용되어 노동을 하는 것이 아니므로 '보수'를 받는다고 한다.

총소득과 실질소득은 어떻게 다를까?

누구보다 열심히 일하고 마침내 기다리던 월급을 받았는데, 생각했던 것보다 액수가 적다고 놀랄 필요는 없다. 실제 월급은 근로소득세, 주민세, 건강보험료, 국민연금보험료, 고용보험료 등을 제외한 실질소득만을 받기 때문이다. 취직을 하면서 합의한 임금은 이러한 공제를 하지 않은 금액을 말한다. 무척 많아 보이는 이 총액에서 공제되는 금액은 결혼 여부, 부양가족의 수, 총임금의 액수에 따라 달라진다.

우선 월급을 받는 사람이라면 누구나 내야 하는 사회보험료, 즉 건강보험, 국민연금, 고용보험에 납부해야 할 금액이 미리 자동으로 공제된다. 사회보험료는 월급을 받는 사람도 내지만 고용주도 그 근로자의 몫을 분담해야 한다.

사회보험 다음으로는 근로소득세가 공제된다. 근로소득세는 누진세 방식으로 적용되는데, 즉 소득이 많을수록 세율도 높아진다. 그 세율은 8퍼센트, 17퍼센트, 26퍼센트, 35퍼센트의 네 단계로 되어 있는데, 임금총액이 같더라도 부양가족 수 등에 따라서 세율은 다를 수도 있다. 그런데 연간 소득이 일정액 이하이면 근로소득세가 면제된다. 근로소득세 면세 대상은 2006년을 기준으로 했을 때, 전체 월급 생활자의 45퍼센트에 달한다. 그런데 근로소득세 가운데 상당금액은 자신의 소득을 사용한 내역을 증명할 수 있는 자료를 제출할 경우 연말에 돌려받을 수 있다. 이는 그 소득을 지출할 때 간접세를 함께 지불했다는 것을 뜻하기 때문에 이중 과세를 방지하려는 차원에서 실시하는 것이다.

한편 국세인 근로소득세에 따라붙는 지방세인 주민세가 있는데, 주민세는 근로소득세의 10퍼센트를 공제한다.

실제 월급은 회사가 앞에서 살펴본 각종 세금과 보험료를 세무서와 사회보험기관에 납부하고 남은 금액이 지급되는데, 이를 일컬어 '실질소득'이라고 한다.

기업이란 무엇이며, 어떻게 만들어지는 걸까?

공장, 회사, 기업. 우리는 보통 이 말들을 별다른 구분 없이 사용하기도 한다. 그런데 엄밀하게 따져보았을 때 제품을 생산하는 일정한 장소를 '공장'이라고 부르며, 사업을 운영하기 위해 설립한 법적 단체를 '회사'라고 한다. '기업'은 회사 중에서도 영리를 목적으로 하는 곳을 말한다.

기업은 적게는 몇 명, 많게는 수만 명에 이르는 직원들과 수많은 기계들을 투입하여, 사람들이 시장에서 구입할 수 있는 상품과 서비스를 생산한다. 개별 기업은 가능한 한 많은 이익을 남기면서 상품을 판매하려고 하는데, 기업이 살아남기 위해서는 이윤을 남겨야 하기 때문이다. 다시 말해서 수입이 지출보다 많아야 한다.

기업은 크게 '개인기업'과 '법인기업'으로 구분한다. 개인이 혼자 경영을 책임지는 개인기업에는 가족 또는 한두 명의 종업원을 두고 꾸려가는 가게나 소규모 제조공장 등의 형태가 있다. 개인기업은 세무서에 사업자등록만 하면 사업을 시작할 수 있는데, 기업가는 자기 회사의 채무에 대해 전적으로 책임을 져야 한다는 것을 명심해야 한다.

'법인'이란 사람은 아니지만 일정한 자금과 인원 등의 자격을 갖추면 사람처럼 물건을 소유하거나 사고팔 수 있는 권한을 가지는 법적 인격체라는 의미이다. 법인기업에는 합명회사, 합자회사, 주식회사, 유한회사의 형태가 있는데, 법인을 만들 때는 합당한 조건을 갖추어 법원에 등기절차를 마쳐야 한다.

이중 '합명회사'란 여러 명의 개인들이, 다시 말하면 여러 명의 출자자들이 공동으로 운영하는 회사다. 사원은 모두 무한책임을 지는 출자자로 구성되는데, 즉 사업으로 발생한 손실이 출자금액보다 많은 경우에도 그에 대해 책임을 져야 한다. '합자회사'란 손실이 발생할 때 무한책임을 지는 무한책임사원과 출자금액만큼만 책임을 지는 유한책임사원으로 구성된다. 한편 '주식회사'는 여러 명의 주주들이 기업의 지분을 나누어 갖는 형태의 회사를 말한다. 주주는 손실이 발생할 경우 투자한 지분에 대해서만 책임을 지게 되는데, 주식을 대량으로 발행해서 회사 규모를 키울 수 있는 자본주의의 대표적인 기업형태이다. '유한회사'는 주식회사처럼 투자한 지분만큼의 책임만 지는 회사이지만, 그 주식은 시장에서 거래되지 않는다.

노동자들을 위한 단체, 노동조합이 생긴 이유는?

　신문이나 텔레비전 뉴스를 통해 노동조합에 대해 한두 번쯤은 들어보았을 것이다. 그런데 노동조합이란 정확히 어떤 것이며, 어떻게 생겨나게 되었을까?

　개개인의 노동자는 고용주와의 관계에서 약자일 수밖에 없다. 업무상 지시를 받아야 하고 경제적으로 예속되어 있기 때문이다. 그래서 노동자들은 자신의 권리와 이익을 옹호하기 위해 노동조합이라는 단체를 결성한다. 노동조합은 경영진과의 협상을 통해 임금교섭을 하고, 채용조건, 작업환경, 노동시간 등의 노동조건 개선과 부당해고 방지를 위해 협상하는데, 이는 헌법으로 보장된 인간의 기본권에 해당한다.

　우리나라는 1980년대까지 노동운동의 불모지나 다름없었다. '한국노동조합총연맹(한국노총)'은 1946년에 설립된 '대한독립촉성노동총연맹'이

개편된 것으로, 독재정권하에서 노동자의 권익 옹호보다는 주로 정부의 노동정책을 대변하고 회사의 방침에 협조하는 데 치중했다. 1970년대 후반에 와서야 비로소 노동자의 자주적인 활동으로서의 노동운동이 시작되었으나 군사정권의 탄압으로 본격화되기는 어려웠고, 1987년 6월 항쟁 이후에야 본격적으로 활동하게 되었다. 1995년에는 '전국민주노동조합총연맹(민주노총)'이 결성되었고 한국노총이 조금씩 변화하면서, 전국적 규모의 노동조합으로 자리 잡았다.

우리나라의 노동조합은 보통 개별 사업장에 종사하는 근로자로 구성되는 기업별 노조를 기본 단위로 한다. 따라서 단체교섭이나 단체협약은 개별 기업 또는 한 사업장 단위로 이루어진다. 그리고 이들 노조가 모여, 산업별, 직종별, 지역별 연맹 조직을 이루고, 이들 연맹이 모여 전국적인 중앙조직을 이룬다. 민주노총의 경우 2006년 말 기준으로 16개의 산업별, 직종별 연맹에 총 조합원 수는 75만 2,000여 명에 이르고, 한국노총의 경우 24개 연맹에 조합원 수는 87만여 명에 달한다.

그런데 조합원의 수는 2000년대에 들어 조금씩 감소하고 있는 추세이다. 하지만 노동조합은 실업문제, 경제정책 등과 밀접하게 연결되어 있으므로 여전히 우리 사회에서 적지 않은 영향력을 행사하고 있다.

기업가들을 위한 단체도 있을까?

　　노동자들뿐만 아니라 기업가들도 경영자 단체를 조직하여 자신들의 권익을 옹호하고, 정부에 대한 압력 단체로서 활동하기도 한다. 우리나라에는 기업가들과 경영자들이 모인 다섯 개의 경영자 단체가 있는데, 이를 흔히 '경제 5단체'라고 한다.

　　먼저 '한국경영자총협회(경총)'는 노사문제를 담당하기 위해 1970년에 설립된 전국 규모의 단체로, 노동조합의 임금인상이나 노동조건 개선 등의 요구에 대해 기업가의 의사를 대변한다. 또한 노동조합과 기업가, 정부가 함께 모여 노동정책 및 사회정책에 관해 협의하고자 설립된 '노사정위원회'의 기업 측 대표로 참가한다. 경총은 매년 노조의 임금인상 요구에 대응하여 기업가 측의 임금인상 억제 요구를 대변하고, 이에 대해 널리 홍보하기도 한다.

'노사정위원회'는 대통령 자문기관으로 노·사·정의 합의를 목표로 한다.

그 다음으로 주로 재벌기업과 대기업, 업종별 경제 단체로 구성된 '전국 경제인연합회(전경련)'가 있다. 1961년에 설립된 이 단체는 정부의 경제정책 전반에 걸쳐 대기업들의 이해관계와 의사를 대변한다. 한편 전경련은 군사정권이 추진한 경제개발계획하에서 외자 도입 등의 특혜를 입어 성장해온 재벌기업들을 상징하기도 한다.

'대한상공회의소'는 일정 규모 이상의 상공업을 하는 기업은 의무적으로 가입해야 하는 기업가 단체이다. 경제 현안 및 업계 실태에 관한 조사와 연구, 회원기업의 권익 대변과 상공업계의 요구를 전달하는 역할을 한다. 또 상공업자를 위한 교육·경영 상담, 국제통상교류 사업, 산업인력 양성, 국가기술자격검정, 상공업에 관한 각종 정보 제공 등의 활동도 한다.

이 밖에 '한국무역협회'는 무역업계의 권익을 옹호하며, '중소기업중앙회'는 업종별로 조직화된 협동조합을 중심으로 중소기업의 이익을 대변하는 단체이다.

이러한 단체들은 노동, 사회복지, 산업 등과 관련된 경제정책뿐만 아니라 정치·사회적인 모든 문제들에 대해 여러 가지 방법으로 기업가들의 입장을 대변하고 있다.

임금협상은 어떻게 이루어질까?

두 사람이 악수를 나누고 플래시 세례 속에서 합의사항을 발표하는 모습을 종종 볼 수 있는데, 사회의 이목이 집중되는 대기업의 '임금협상'의 종착지가 바로 이와 같은 행사이다. 그리고 이렇게 노동조합과 기업 사이에 타결된 협상안을 '단체협약'이라고 한다. 단체협약에는 임금, 사업장 내의 규율과 규칙, 해고, 휴가일수, 노동조합활동 등 서로 합의한 노동조건에 대한 내용이 폭넓게 규정된다. 단체협약안은 반드시 서면으로 작성하여 행정기관에 신고하도록 되어 있는데, 이를 통해 법률적인 효력을 얻게 된다. 즉, 단체협약으로 규정한 내용이 회사가 정한 취업규칙이나 개별적인 근로계약보다 우선적인 효력을 갖는다.

단체협약의 유효기간은 임금 문제의 경우에는 1년이고, 다른 문제에 대해서도 2년을 넘지 못하도록 되어 있다. 따라서 이전 협약의 기간이 만료

되기 전에 새로운 협약을 위한 협상이 시작된다. 이에 대비하여 매년 봄이 되면 민주노총과 한국노총은 개별 노조가 지침을 삼을 수 있도록 임금인상 안을 제시한다. 경영자 단체인 한국경영자총협회도 기업의 입장에서 임금 인상 범위를 제시한다. 당연히 이 두 안 사이에는 큰 차이가 있으며, 각자 주장하는 바도 다르다. 과거에는 정부가 매년 임금인상 가이드라인을 제시 하기도 했지만, 현재는 국영기업체에 대해서만 발표하고 있다.

각자의 입장에서 정한 임금인상안이 제시되면 이를 기초로 기업과 노조 사이에 협상이 벌어진다. 기나긴 줄다리기와 수많은 만남이 이어지고, 격 렬한 논쟁 끝에 타협점에 도달하기도 하지만, 그렇지 못할 경우에는 노동 위원회의 중재 절차를 거치게 된다. 만약 해당 기업과 노동조 합이 중재위원회의 제안마저 거절하면 협상은 결렬된다. 그렇 게 되면 파업 또는 기업가가 작업장을 폐쇄하는 직장폐쇄가 시작된다.

'노동위원회'는 노동조합과 사용자 사이의 분쟁을 조정하기 위한 기관으로, 중앙노동위원회와 지방별 노동위원회로 구성된다.

파업은 언제 할 수 있을까?

　모든 조합원이 같은 복장을 하고 모여 구호를 외치며 파업에 들어가면 사회의 이목이 집중되는 큰 회사의 경우에는 그 자체로 뉴스거리가 된다. 생활에 불편을 주는 파업의 경우 많은 사람들이 비난하기도 하지만, 파업은 기업가에 비해 상대적으로 약자인 노동자들이 자신들의 요구를 주장할 수 있는 정당한 헌법상의 권리이다.

　기업과 노조의 협상이 결렬되어 노동위원회로 넘어가면 15일 동안은 모든 쟁의가 중지된다. 그런데 노동위원회의 중재도 받아들일 수 없는 경우라면 노동조합은 노동쟁의에 필요한 찬반투표를 실시할 수 있다. 조합원의 과반수가 파업에 찬성하면 정해진 시점에 일을 멈추게 되는데, 이러한 절차를 거치지 않을 경우에는 불법파업이 된다.

　하지만 이러한 절차를 거치고도 파업할 수 없는 경우도 있다. 수도, 전기, 가스, 통신, 방송, 철도, 지하철, 시내버스, 한국은행 등과 같이 이른바 필수공익사업장의 경우 노동위원회가 강제중재를 할 수 있다. 강제중재가 결정되면 모든 파업은 불법이 된다. 이러한 강제중재제도가 우리나라에만 있는 것은 아니지만, 우리나라는 파업을 금지하는 업종이 국제기준보다 지나치게 많다는 지적도 있다. 실제로 국제노동기구의 권고사항에 따르면, 철도나 지하철에 대해서는 강제중재를 할 수 없다.

한편 파업에는 여러 가지 방법이 있다. 우선 전면적인 파업을 할 것인지, 부분적으로 중요한 부문에서만 파업을 할 것인지는 노동조합 지도부에서 결정한다. 대규모 노동쟁의를 피하기 위해 먼저 경고파업을 벌이는 경우도 많은데, 이는 경고의 의미로 몇 시간 동안 일을 중단하는 것이다. 또한 규정을 철저히 지키면서 근무하는 것도 시위의 한 방법이 된다. 보통 '태업' 또는 '준법투쟁'이라고 하는데, 예컨대 지하철을 철저한 안전관리규정에

중요 분야의 파업은 때론 보통 사람들의 생활에 불편을 끼치기도 한다. 그러나 모든 파업을 불법이라고 볼 수는 없다. 정당한 파업은 노동자들의 당연한 권리이다.

따라 운행하기만 해도 교통지옥이 연출될 수 있기 때문이다.

임금협상과 같은 내용이 아닌 정치적인 이유 등으로 노동조합이 벌이는 파업도 불법파업에 해당되는데, 그럴 때는 해고를 당할 위험도 감수해야 한다.

한편 드물기는 하지만, 기업가는 파업에 대항하기 위해 직장폐쇄를 결정하기도 한다.

회사를 그만둘 때는 어떤 절차를 밟아야 할까?

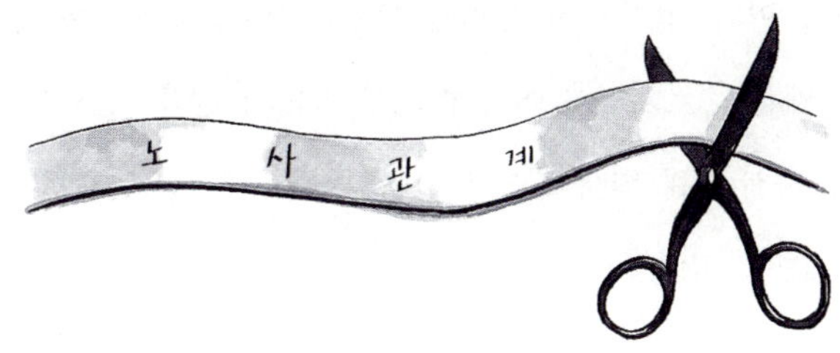

사람들은 대개 더 좋은 직장이 생겨서, 또는 자기 일을 해보고 싶어서 직장을 그만둔다. 그러나 승진에서 밀려나거나 상사와의 불화로 그만두는 사람도 꽤 많이 있다. 이러한 경우에는 회사를 당장 그만두고 다른 일자리를 알아보고 싶은 생각이 들 수 있다. 그런데 근로계약을 해지하는 데에도 일정한 절차가 있다.

회사를 그만두겠다는 의사 표시로 근로자가 사표를 제출하고, 이 사표가 수리되면 근로계약은 해지된다. 그런데 후임자를 찾을 때까지 기다려야 한다는 등의 이유로 사표가 바로 수리되지 않을 수도 있다. 이럴 때는 근로계약이 끝난 것이 아니므로, 출근하지 않으면 무단결근이 되어 퇴직금 등에 불이익을 받을 수 있다. 이러한 경우 월급제로 임금을 받는다면 사표를 제출한 날로부터 한 달을 기다려야 하고, 만약 별도의 기간으로 임금을 받는다면 그 기간만큼의 시간이 경과해야 한다. 그 기간이 지나면 사표가 수리되지 않더라도 회사를 그만둔 것으로 간주된다.

그런데 많은 회사의 취업규칙이나 고용계약에서는 이러한 고지 기간을 조금 더 길게 규정해두기도 한다. 그리고 고용주는 이 기간을 준수해줄 것을 요구할 수 있다. 따라서 새로 입사하는 회사와 근로계약을 맺기 전에 이전 회사와 맺은 근로계약이 어떻게 되어 있는지 알아보는 것이 바람직하다. 그리고 나서 새로 입사하는 회사에 출근이 가능한 날짜를 알려주어야 한다.

근로자는 고용자가 더 이상 임금을 지불하지 못하는 등 근로관계의 지속이 어려울 정도로 중대한 사유가 있는 경우에만 근로계약의 '즉시' 해지를 요구할 수 있다. 다른 회사에서 대단히 좋은 조건을 제시했다는 것은 그러한 사유에 해당되지 않는다.

회사를 그만두겠다는 의사표현은 문서로 이루어지는 것이 좋다. 그리고 가능한 한 빨리 근로계약을 해지하고 싶어 한다는 것이 문서에 분명하게 드러나야 한다. 세세한 내용까지 정확한 문구로 작성하는 것이 나중에 생길 수도 있는 곤란한 상황을 피할 수 있는 방법이다.

일자리를 잃으면 어떤 도움을 받을 수 있을까?

꿈에 그리던 직장을 얻었다고 생각하고 있었는데 갑자기 모든 것이 수포로 돌아갈 수도 있다. 회사가 문을 닫게 되거나 정리해고를 당할 수 있기 때문이다.

이런 경우에는 먼저 지방노동사무소나 고용지원센터에 찾아가 실업급여를 신청해야 한다. 실업급여제도는 1997년 외환위기 이후 대량실업이 사회문제로 대두되면서 생겨난 제도인데, 매달 월급에서 공제되는 고용보험에서 지불되는 것이다.

한 명 이상의 종업원을 둔 사업장은 고용보험 가입이 의무화되어 있는데, 실직 이전 18개월 동안, 6개월 이상 고용보험에 가입한 업체에 근무했다면 실업급여를 받을 자격이 된다. 실업급여는 퇴직 전 직장에서 받던 평균 임금의 50퍼센트를 받을 수 있는데, 2007년을 기준으로 했을 때 최고액은 1일 4만 원이고, 최저액은 최저임금의 90퍼센트이다. 실업급여를 받을 수 있는 기간은 고용보험 가입 기간과 연령에 따라 다른데, 90일에서 최대 240일까지 받을 수 있다. 또한 실업급여는 한번에 지급되는 것이 아니라 2주에 한 번씩 14일분이 통장으로 지급된다. 그런데 중요한 것은 퇴직 후 2년 이내에 실업급여를 다 받지 않으면 받을 자격이 소멸된다는 점이다. 받을 수 있는 기간이 최대 240일, 즉 8개월이므로 적어도 퇴직 후 16개월 이전에는 실업급여를 신청해야 한다.

실업급여는 일정한 기간 동안 실직자와 그 가족의 생활과 구직활동을 돕기 위한 것이다. 따라서 실업급여를 받는 동안에는 실제로 구직활동을 하고 있는지에 대한 증명을 요구한다. 만약 이 기간 동안에도 취직을 하지 못했다면, 경우에 따라 실업급여를 연장해서 받을 수 있도록 법으로 규정하고 있다. 하지만 이는 현실적으로 거의 불가능하다. 만약 생활이 어려운 데다가 부양가족 중에 노인이나 어린이 또는 장애인, 장기적인 치료가 필요한 환자가 있는 경우에는 60일 동안 연장할 수 있는데, 이때는 실업급여의 70퍼센트를 받을 수 있다.

새로운 일자리를 얻는 데 정부는 어떤 도움을 줄 수 있을까?

실업급여를 몇 달 준다고 해서 실업문제가 해결되는 것은 아니다. 문제는 새로운 일자리다. 이를 위해 정부는 새로운 직장을 알선하고, 재교육 프로그램을 운영하고, 장기실업자나 고령자, 육아휴직자 등을 고용하는 회사에 별도의 지원금을 주어 일자리를 만들어야 한다.

노동부의 주요 업무는 실업급여를 통해 경제적인 지원을 하는 것 이외에도 실업자들의 구직을 도와주는 것이다. 이를 위해 직업 재교육 또는 창업 프로그램을 운영하기도 하고, 일자리 정보를 제공하기도 한다. 그러나 많은 실업자들이 노동부가 그러한 일을 하고 있다는 것을 잘 모르고 있다. 또한 안다고 하더라도 정부기관이 실질적으로 취업을 도와줄 수 있을 것이라는 기대를 하지 못한다.

이는 노동부의 홍보가 부족한 탓이기도 하고, 구직자가 가진 자격과 조건에 맞는 구인 정보를 찾아서 구직자와 연결해줄 수 있는 좀더 전문적인 서비스가 부족하기 때문이다. 게다가 실업난이 심각한데도 불구하고 일자리 정보가 한정되어 있고, 또 일할 사람을 필요로 하는 업체들에 대한 홍보도 적극적으로 이루어지지 않고 있다. 고용보험료의 일부는 장기실업자나 고령자 등을 고용하는 업체에 고용촉진지원금으로 지불되기도 하는데, 사실 많은 업체나 구직자들이 이러한 사실을 모르고 있다. 그래서 몇몇 업체들은 허위로 고용하고 고용촉진지원금을 받기도 한다.

한편 노동부에서는 취업중인 사람이 직무능력을 높이기 위해 여러 가지 재교육을 받을 경우에도 교육비의 일부를 지원해준다. 그런데 이러한 교육비 지원금도 중소기업이나 영세업체 종사자들은 여러 가지 사정으로 이용하지 못하는 경우가 많다. 퇴직 후 실업급여를 받는 사람 대부분이 사실 중소기업이나 영세업체 직원들이라는 것을 감안해볼 때, 이처럼 별다른 준비 없이 퇴직하는 사람들을 위한 좀더 전문적인 교육이 필요하다.

물론 일자리를 찾으려면 무엇보다도 구직자 자신이 발품을 많이 팔

노동부에서는 직무능력 향상을 위한 교육 프로그램을 제공하는데, 실업자뿐만 아니라 직장인도 교육 대상에 포함된다.

아야 한다. 또한 일자리에 대한 눈높이를 낮추고, 그에 필요한 직무교육을 적극적으로 받아야 한다. 노동부와 같은 기관들도 결국은 적극적으로 구직 활동을 하려는 사람들에게 더 많은 도움을 줄 수 있을 것이다.

병에 걸리면 어떤 도움을
받을 수 있을까?

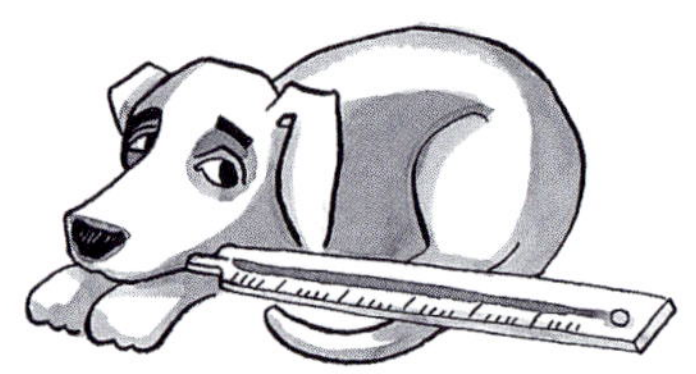

　누구나 병에 걸릴 수 있다. 사소하게는 감기에 걸려서 주사를 맞거나 약을 먹을 수 있고, 심하면 병원에 입원도 해야 한다. 큰 수술을 받을 경우에는 병원비가 만만치 않은데, 그럴 때 우리는 건강보험의 도움을 받을 수 있다.

　우리나라의 의료제도는 강제적인 사회보험의 형태를 취하고 있다. 직장에 다니는 사람은 직장건강보험에, 직장에 다니지 않는 사람은 지역건강보험에 의무적으로 가입해야 한다. 보험료를 낼 수 없을 정도로 생계가 곤란한 사람은 정부가 의료보호대상자로 지정하여 의료비 혜택을 받을 수 있도록 하고 있다. 직장건강보험의 보험료는 본인과 회사가 나누어 부담하고, 지역건강보험은 재산과 나이 등에 따라 보험료가 정해진다.

　건강보험은 그동안 사용하던 의료보험을 이르는 말로, 우리나라에서 의료보험제도가 국가계획으로 시행된 것은 1977년부터이다. 처음에는 생활

보호대상자와 500명 이상의 사업장 근로자를 대상으로 했고, 1979년에는 공무원과 사립학교 교직원, 300명 이상의 사업장 근로자로 대상이 확대되었으며, 1988년에는 5명 이상의 사업장까지 확대되었다. 1989년부터는 대상이 전 국민으로 확대되면서, 거의 모든 사람들이 건강보험의 혜택을 받고 있다. 감기에 걸려 병원에 가도, 약국에서 약을 지어도 건강보험이 적용된다.

그런데 건강보험의 재정은 늘 부족하다고 한다. 보험료율을 올리기는 쉽지 않고 건강보험료가 체납되는 경우도 많기 때문이다. 심지어는 대형 병원들이 건강보험료를 과다하게 또는 허위로 청구해서 적발되는 사례도 있다.

그래서인지 우리나라는 경제협력개발기구 가입 국가 가운데 의료비의 본인 부담률이 높은 편에 속한다. 그리고 건강보험이 적용되지 않는 질병이 다른 선진국에 비해 많다. 게다가 건강보험이 적용되지 않는 질병일수록 병원비가 대단히 비싸서 아직도 가족 중 누군가가 희귀한 난치병에 걸리기라도 하면 경제적으로 큰 부담을 안게 된다.

건강보험과는 별개로 직장에서 업무를 하다가 다치거나 병이 난 경우에는 산업재해보상보험이 적용된다. 산재보험이 적용되면 치료비는 물론 장애가 생겼을 경우 장애보험금도 받을 수 있는데, 이러한 산재보험료는 회사가 부담한다.

나이가 들면 누가 나를 돌봐주는가?

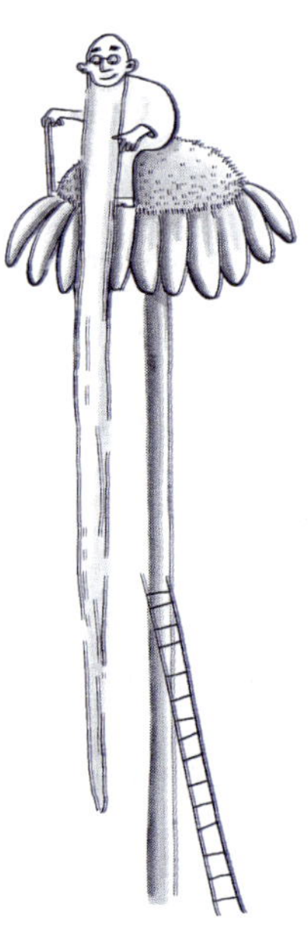

일정한 소득이 있는 사람이라면 누구나 매달 꼬박꼬박 국민연금보험료를 낸다. 그래서 직원이 1인 이상인 직장에 다니고 있는 모든 직장인의 월급 가운데 4.5퍼센트가 매달 국민연금보험료로 빠져나간다. 그리고 같은 금액만큼을 회사도 부담한다. 만약 직장을 그만둘 경우에는 지역가입자로 전환된다. 보험료를 내는 기간은 59세까지로, 나이가 들어 더 이상 일을 할 수 없을 때를 대비하기 위해서 강제로 보험을 드는 것이다.

이렇게 모은 보험료에서 60세부터 매달 국민연금을 지급받는다. 그런데 평균수명이 늘어나면서 연금을 받는 연령도 높아져서 1969년에 태어난 사람부터는 65세부터 받게 된다. 또 국민연금 가입 기간이 적어도 10년 이상은 되어야 연금을 받을 수 있다.

그런데 국민연금과 관련하여 현재 문제가 되고 있는 것은 다른 나라에 비해 보험료율은 낮으면서 연금 수급액은 많다는 점이다. 즉, 내는 돈에 비해서 받는 돈이 많다는 것이다. 그리고 그 차액은 다음 세대가 부담해야 한다. 그런데 현재의 낮은 출산율 등을 고려하면, 연금 수령자 수가 늘어나는 데 비해 노동인력, 즉 보험금을 납부할 사람의 수는 갈수록 줄어 언젠가는 연금의 기금이 고갈될 수밖에 없는 구조라는 것도 간과할 수 없다. 그래서인지 국민연금법을 바꿔야 한다는 소리가 여기저기서 들려온다. 하지만 법안을 만드는 정치인들에게 당장 필요한 한 표를 행사할 수 있는 사람들은 다음 세대가 아니라 현재의 연금 수급자들이다.

실제로 국민연금제도 이전부터 실시되던 공무원, 군인, 교사 등을 대상으로 한 연금제도 가운데 군인연금의 경우, 이미 재정이 바닥나 오래전부터 매년 국고의 지원을 받고 있다. 국민연금의 경우에도 현재의 제도로는 연금 가입 기간이 40년 이상일 경우 퇴직 이전 소득의 60퍼센트 정도를 연금으로 받을 수 있지만, 언젠가는 이 액수도 줄어들 수밖에 없는 실정이다.

즉, 노후생활을 보장하기에 국민연금만으로는 충분하지 않다. 그래서 많은 사람들이 국민연금과는 별도로 개인연금에 가입하거나 저축을 늘리는 데에 관심을 갖게 되는 것이다.

예기치 않은 사건·사고, 어떻게 대비할 수 있을까?

살다 보면 큰 병에 걸릴 수도 있고, 불의의 재난이나 사고로 큰 손해를 보거나 예기치 않게 남에게 손해를 입힐 수도 있다. 하지만 이렇게 난감한 상황에 처했을 때 누군가 어려움을 대신 감당해주지는 않는다. 게다가 이럴 때 사회보험은 사실 최소한의 대책에도 미치지 못하는 경우가 많다. 그래서 사람들은 따로 보험을 들기도 한다.

병이 들었을 때는 국민 모두가 의무적으로 가입해야 하는 건강보험을 통해 진료비, 약값, 치료에 필요한 수술비, 입원비를 지원받는다. 하지만 단지 아름다워지기 위한 성형수술에 들어가는 병원비라면 보험금이 지급되지 않는다. 또한 건강보험은 병상에 누워 일을 하지 못했을 때 입는 손실에 대해서도 보장해주지 않는다. 게다가 보험금을 지급하는 경우에도, 병원비 전액을 지급해주는 것은 아니다. 심각한 병일수록 개인이 부담해야 할 금액이 많아지는데, 그래서 사람들은 생명보험, 암보험 등을 따로 들기도 한다. 이러한 보험들은 경우에 따라 치료비 보장은 물론 저축성 성격을 띠기도 한다.

건강과 관련된 보험 말고도 흔히 들게 되는 것이 자동차보험이다. 자동차 운전자는 운행 중에 발생할 수도 있는 사고에 대비하여 자동차보험에 가입한다. 자동차보험은 사고로 인한 자신의 손해뿐만 아니라 다른 사람의 차량이나 생명에 입힌 손해에 대해서도 책임을 진다. 자동차 사고는 단지 물리적인 손해만이 아니라 생명이 달린 문제이므로 보험 가입이 필수적이다.

많은 사람들이 모르고 지나치지만 대부분의 아파트는 화재보험에 가입되어 있다. 그래서 매달 관리비에 보험료가 포함되어 있다. 그런데 대부분의 사람들은 보험의 약관이 어떠한지 잘 따져보지 않는다. 이러한 보험계약에서는 홍수나 태풍 등과 같은 천재지변으로 인한 피해에 대해서는 보상해주지 않거나, 정작 화재가 났을 때에도 건물에 대해서만 보상할 뿐 재산상의 피해는 보상해주지 않는 조건으로 가입되어 있을 수 있다. 따라서 약관에 대해 꼼꼼히 따져보는 것이 필요하다.

그 밖에도 보험의 종류는 무수히 많고, 보험을 통해 거의 모든 종류의 손해에 대비할 수 있다. 따라서 얼마만큼의 보험료를 부담해서 어느 정도의 위험까지를 대비해야 할지를 먼저 생각해보고, 자신에게 필요한 보험을 선택하는 것이 중요하다.

3장

저축과 투자의 경제

쓰거나 모으거나 투자하거나, 돈은 어떻게 사용해야 할까?

　우리는 갖고 싶은 물건을 사거나 여행을 가기 위해, 취미생활을 즐기기 위해 돈을 쓴다. 하지만 돈을 쓰지 않고 저축을 할 수도 있고, 더 많은 이익을 얻기 위해 어떤 일이나 사업에 투자할 수도 있다. 즉, 돈으로 상품을 사는 것은 물론이고, 돈 자체가 하나의 '상품'으로서 더 많은 이익을 얻을 수 있는 수단이 되는 동시에 거래의 대상이 되기도 한다.

　우리는 돈을 마치 음악 CD나 MP3 플레이어처럼 다른 사람에게 빌려줄 수도 있다. 그런데 자기가 아끼는 물건은 대개 친한 친구들에게만 빌려주지만, 돈은 은행에도 빌려줄 수 있다. 그리고 그 대가로서 '이자'를 받는다. 즉, 돈을 빌려주는 사람의 입장에서 이자란 자신이 지금 소비하지 않는 돈을 은행을 통해 다른 사람에게 빌려주고 그 대가로 받는 것이다. 거꾸로 돈을 빌리는 사람의 입장에서는 돈을 이용하는 대가로 지불하는 값, 곧 '돈의 가격'이라고 할 수 있다. 이때 처음에 빌린 원금에 대한 이자의 비율을 '이자율' 또는 '금리'라고 한다.

물론 친구들 사이에서도 이자를 주고 돈을 빌리거나, 이자를 받고 돈을 빌려줄 수 있다. 하지만 일반적으로 이렇게 돈을 중개하는 일은 은행이 담당한다. 우리가 은행에 저축을 하면, 은행은 돈을 빌리려는 사람에게 이 돈을 빌려주고 우리가 받는 이자보다 높은 이자를 받는다. 은행이 받는 이자와 우리가 받는 이자의 차액이 은행의 수입이 된다. 그런데 금리는 은행들이 마음대로 정하는 것이 아니다. 일반은행은 중앙은행인 한국은행이 정한 금리를 기준으로 이자율을 결정한다.

주식이나 채권을 사는 것도 돈으로 수익을 올리는 한 가지 방법인데, 이를 '투자'라고 한다. 주식을 산다는 것은 어떤 사업에 돈을 투자하여 그 회사의 지분을 갖는 것을 말한다. 지분을 갖게 되면 이른바 '배당금'이라고 하는, 회사의 이익금을 돌려받을 수 있고, 또 주가가 오르면 주식을 팔아 이익을 남길 수도 있다. 물론 주가가 떨어지게 되면 손해를 보기도 한다.

'채권'이란 정부나 공공기관 또는 회사가 발행하는 일종의 빚 문서다. 빚 문서를 받고 이들 기관에 돈을 빌려준 다음 약속된 이자를 받을 수도 있고, 시세의 움직임을 봐가며 이 빚 문서를 증권시장에서 팔아 이익을 남길 수도 있다. 주식이나 채권 이외에 펀드도 있는데, '펀드'란 전문적인 투자자에게 예금하듯이 돈을 맡겨 투자를 대신하게 하는 것이다.

한편 은행 예금의 이자율은 어느 정도 확정돼 있지만 투자의 수익률은 계속 변한다. 따라서 투자를 할 때에는 손해를 볼 수도 있다는 점을 감안해야 한다. 주식이나 채권, 펀드 이외에도 금융시장에는 많은 돈을 벌거나 가진 돈을 모두 잃을 수도 있는 수많은 투자 방법들이 있다. 주식투자에도 일반 주식투자와 주식선물거래 등이 있고, 파생금융상품이라고 불리는 투자 방법은 수백 가지에 달해서 전문가들도 다 파악할 수 없을 지경이다. 그리고 이러한 투자 방법들은 대부분 투기성이 강하다고 볼 수 있다.

환율이 내려가면 달러화나 엔화와 같은 다른 나라 화폐를 사두었다가 환율이 올라가면 다시 파는 외환거래의 경우도 돈을 하나의 상품으로 사고파는 금융거래에 해당된다. 특히 국제적인 투기자본들이 외환거래를 통해 많은 이익을 남기는데, 이는 지난 1997년의 외환위기 때처럼 심지어는 한 나라의 경제를 파탄에 이르게 하기도 한다.

돼지저금통이냐, 은행통장이냐?

우리는 대개 생일이나 명절 때, 또는 성적을 잘 받거나 착한 일을 했을 때 어른들에게 돈을 받기도 한다. 그리고 대부분의 아이들은 정기적으로 또는 필요할 때마다 용돈을 받는다.

이렇게 받은 돈을 모으는 방법으로 가장 쉽게 떠오르는 것이 바로 돼지저금통이다. 그러나 돼지저금통, 책상서랍, 침대 밑의 비밀장소 등은 은행과 비교했을 때 효율성이 떨어진다. 자기가 넣어둔 돈밖에 받지 못하기 때문이다. 이 돈을 은행이나 우체국에 넣어두면, 맡긴 돈에 이자라는 약간의 가산금이 붙게 된다.

이자는 돈의 액수, 돈을 맡긴 기간, 아무 때나 찾을 것인지 아니면 일정 기간 이후에 찾을 것인지, 정기적으로 저축할 것인지 수시로 자유로이 저축할 것인지 등의 조건에 따라 달라진다. 은행은 이러한 조건들에 따라 다양한 형태의 예금을 마련해두고 있다. 그리고 은행에 따라 금리도 조금씩 다르다.

우리가 아무 때나 돈을 넣고 찾을 수 있는 보통예금의 경우 이자율이 매우 낮은 편이지만, 어쨌든 돼지저금통에 넣어두는 것보다는 낫다고 볼 수 있다. 그런데 만일 배낭여행을 떠나기 위해, 용돈이 모일 때마다 자유로이 적립하는 예금에 매월 1만 원 이상씩 저축하여 3년 후에 찾는 계획을 세웠다고 해보자. 이 경우 보통예금보다는 이자율이 훨씬 높은데, 은행에 돈을 맡겨두는 기간이 정해지면 은행은 좀더 안정적으로 이 돈을 투자해서 수익을 얻을 수 있기 때문이다. 돈의 액수 또한 이자율에 영향을 끼친다. 몇 억의 돈을 쓰지 않고 맡겨둘 수 있다면 이자율은 더 높아지는데, 이때는 공식적인 이자율보다 더 높은 가산금리가 적용되기도 한다.

은행을 이용하는 대가는 무엇일까?

　이자는 조금 붙을지 모르겠지만, 모든 일을 은행계좌를 통해 하다 보면 가끔은 성가실 때도 있다. 하지만 성인이라면 적어도 은행계좌 하나쯤은 가지고 있어야 큰 불편 없이 사회생활을 할 수 있다. 각종 공과금, 전화와 인터넷 사용료, 버스와 지하철 요금 등이 은행계좌에서 빠져나가고, 거의 대부분의 직장에서는 은행계좌로 월급을 지급한다. 또한 실업급여나 생활보호대상자의 생계보조비도 은행계좌로 지급된다.

　이처럼 우리 생활과 밀접하게 연관되어 있는 은행은 우리에게 필요한 서비스를 제공하고 그 대가로 수수료를 받는다. 거의 모든 은행들이 온라인으로 연결되어 있어서 시간에 관계없이, 또 굳이 자신의 거래 은행을 찾아가지 않더라도 돈을 찾을 수 있지만, 거래 은행의 영업 시간에 이루어지는 거래 이외에는 일정한 금액의 수수료가 붙게 된다. 또 신용카드의 경우에는 카드를 사용하지 않더라도 연회비라는 이름으로 카드 유지 수수료를 내야 한다.

그런데 수수료는 은행을 이용할 때마다 소액으로 지불되기 때문에 많은 사람들이 1년에 얼마나 많은 수수료를 지불했는지 모르고 넘어가기 쉽다. 하지만 1년을 두고 따져보면 그 액수가 만만치 않다. 은행의 수수료는 최근 몇 년 사이에 급격히 오른 물가 가운데 하나로, 수수료 수입이 은행의 중요한 영업전략으로 자리 잡고 있기 때문이다.

수수료를 아끼기 위해서는 한 은행으로 여러 가지 금융계좌를 모으는 것이 좋은데, 대개 한 은행의 계좌 사이에는 각종 수수료가 면제되거나 더 적기 때문이다. 그리고 한 은행으로 거래를 집중시키면 신용도가 높은 우수고객이 되어 돈을 빌리거나 맡길 때 혜택을 얻을 수 있다.

은행에서 투자회사까지, 어떤 금융기관들이 있을까?

  은행이나 농협이라고 하면 알겠는데, 제1금융권, 제2금융권이라는 말은 왠지 생소하다. 또 투자신탁, 상호저축은행, 새마을금고 등 여러 금융기관이 있다고 하는데, 이러한 금융기관들은 각각 어떻게 다른 걸까?

  우리가 자주 이용하는 금융기관은 보통 은행과 같이 주로 예금을 하고 필요할 때는 돈도 빌릴 수 있는 곳이다. 그런데 이러한 은행 업무를 취급하는 곳도 여러 가지다. 은행이 있고, 은행은 아니지만 은행 업무를 취급하는 여러 금융기관이 있다.

  먼저 은행은 중앙은행과 일반은행, 특수은행으로 나눌 수 있는데, 우선 금융제도의 중심이 되는 중앙은행으로 한국은행이 있다. 한국은행은 우리가 사용하는 돈인 한국은행권을 발행한다. 그리고 경제상태에 따라 시중에 유통되는 돈의 양, 곧 통화량을 조절한다. 한국은행은 일반기업이나 개인

명절을 앞두고 한국은행 직원들이 시중은행으로 보낼 돈을 옮기고 있다. 한국은행은 은행 등과 같은 금융기관과만 거래하는 '은행들의 은행'이다.

과는 거래하지 않고 금융기관하고만 거래한다.

일반은행은 예금은행 또는 상업은행이라고 하는데, 예금을 주로 받고, 예금으로 받은 돈을 빌려주고 남은 차액을 이익으로 취하는 상업적 목적으로 운영되기 때문이다. 일반은행에는 큰 도시에 본점을 두고 전국적인 지점망을 형성하고 있는 시중은행과, 지방 위주로 영업하는 지방은행, 외국은행의 국내 지점이 있다.

특수은행은 정부가 소유한 은행으로서, 일반은행으로서는 수지가 맞지 않아 자금 공급이 어려운 경제 부문에 자금을 공급하는 것이 주요 업무이다. 특수은행으로는 국가 주요 산업이나 기술 개발용 장기 자금을 공급하는 한국산업은행, 기업이 수출입 거래를 하는 데 필요한 자금을 공급해주는 한국수출입은행, 중소기업 금융을 전문적으로 하는 중소기업은행이 있다. 농업과 축산업 금융을 취급하는 농업협동조합중앙회, 수산업 금융을 취급하는 수산업협동조합중앙회도 특수은행에 포함된다.

일반적으로 일반은행과 특수은행을 제1금융권이라고 하며, 그 밖의 나머지 금융기관들을 제2금융권이라고 한다. 제2금융권은 은행은 아니지만 은행과 같은 예금 업무를 취급하는 기관으로, 보통 은행에 비해 규모가 작고 특정한 부문의 금융 업무를 전문으로 한다. 상호저축은행, 신용협동기구, 우체국 예금, 투자신탁회사, 자산운용회사 등이 이에 해당된다.

상호저축은행은 도시 자영업자를 주요 고객으로 하는 소형 금융기관이다. 은행처럼 예금 업무가 가능하고 돈을 빌려주기도 하지만 이자가 더 높다. 그리고 일반은행과 구별하기 위해서 상호저축은행이라는 이름을 쓴다. 한편 신용협동조합, 새마을금고, 농수협의 단위조합을 모두 합쳐 신용협동기구라고 하는데, 직장 혹은 지역 단위로 조합원을 모아 이들의 예금을 받고, 예금으로 들어온 돈을 조합원에게 빌려주는 금융 업무를 주로 담당한다. 우체국에서 취급하는 우체국 금융도 농협, 수협과 마찬가지로 서민들의 생활과 밀접한 관련이 있다.

투자신탁회사, 자산운용회사는 예금이 아닌 투자 목적으로 고객의 돈을 받는다. 이들 회사는 투자자들이 맡긴 돈을 모아 뭉칫돈으로 만들어 증권이나 채권 등에 투자해 수익을 올리지만, 돈을 빌려주지는 않는다.

그리고 보험회사와 증권회사가 있다. 보험회사는 보험계약인에게 받은 보험료로 돈을 빌려주거나 투자를 해서 수익을 올려 보험료를 지급한다. 증권회사는 기업을 상대로 주식 등의 증권 발행과 발행된 증권의 매매를 중개한다.

이 외에도 여러 금융기관들이 있는데, 이를 기타 금융기관이라고 한다. 기타 금융기관으로는 돈을 빌려주는 일을 전문적으로 하는 여신전문금융회사가 있는데, 신용카드회사와 할부금융회사, 기계 등의 시설을 빌려주는 리스회사 등이 포함된다. 그리고 증권사를 상대로 돈을 빌려주는 증권금융회사, 투자자로부터 돈을 모아 큰 규모로 증권에 투자하는 증권투자회사, 자금중개회사, 투자자문회사 등도 기타 금융기관에 해당된다.

돈이 필요하면 어디로 가야 할까?

　앞에서 살펴본 것처럼 많은 금융기관들이 있지만, 정작 필요할 때 돈을 빌리는 것은 쉽지가 않다. 광고에서는 늘 부드럽고 따뜻하고 친절한 이웃인 것처럼 우리에게 다가오지만 은행에서 돈을 빌릴 때 광고에서 본 것처럼 부드럽고 따뜻할 거라 생각하면 오산이다. 금융기관들은 돈이라는 '상품'을 내주기 전에 우선 원금과 이자를 안전하게 받을 수 있는지 확인한다. 돈을 빌리려는 사람에게 일정 기준의 정기적인 수입은 있는지, 보유하고 있는 재산은 어느 정도인지, 다른 금융기관에서도 돈을 빌렸는지 등을 꼼꼼히 확인하는 것이다.

　만일 이러한 조건들로 봤을 때 부적격하다고 판단되면, 조건에 맞는 친구나 동료의 보증이 있어야 돈을 빌릴 수 있다. 이른바 신용도를 평가해서 돈을 빌려줄지 말지, 또 빌려준다면 이자를 얼마나 받고 빌려줄지를 결정하

는 것이다. 신용도가 높으면 이자율이 낮아지고, 신용도가 낮
으면 이자율도 높아진다.

　그래서 돈을 좀더 손쉽게 빌리고 싶은 사람들은 흔히 신용카
드를 사용한다. 또 자동차처럼 값비싼 물건을 살 때는 캐피탈회사의 할부금
융을 이용한다. 이러한 회사는 구매자 대신 먼저 자동차회사에 자동차 값을
치르고, 그 다음에 구매자로부터 해당 금액에 이자를 붙여 할부로 나눠 받는
다. 이렇게 하면 소비자는 당장 목돈이 없어도 값비싼 제품을 살 수 있다. 그
리고 이러한 신용카드회사, 할부금융회사에서는 소액에 대해서는 신용대출
도 해준다.

　그런데 문제는 이자다. 이러한 회사의 할부대금과 소액 신용대출금리는
은행에 비해서 매우 높다. 대신 은행보다 고객의 신용에 대해 엄격히 따지
지 않는다. 그러다 보니 할부금융이나 신용카드를 많이 이용하는 사람들
중에서 빌린 돈을 제때에 갚지 못해 연체자, 신용불량자가 되는 사람들이
생긴다. 따라서 소비자가 신용카드회사나 할부금융사 같은 여신전문금융
기관을 이용할 때는 다른 기관에 비해 금리가 높다는 사실을 반드시 기억
해야 한다.

이자율이 오르내리면 경제에 어떤 영향을 미칠까?

이자는 다른 사람의 돈을 빌려 쓰는 대가로 지불하는 '돈의 가격'이라 할수 있다. 따라서 수요와 공급의 원리에 의해 상품의 가격이 오르내리듯이, 시중에 돈이 많아지면 이자율이 낮아지고 돈이 줄어들면 이자율은 높아진다. 그리고 이러한 이자율은 한국은행이 관리하는 기준금리의 영향을 받는다.

중앙은행인 한국은행은 은행에 더 많은 돈을 공급하려고 할 때는 기준이 되는 금리를 내린다. 또 지나치게 많은 돈이 공급되었다고 판단될 때는 금리를 올린다. 금리가 내려가면 시중의 통화량이 늘어나고, 금리가 올라가면 통화량이 줄어든다.

이렇게 금리의 나사를 조였다 풀었다 하는 정책은 은행을 이용하는 기업과 가계에 영향을 끼친다. 금리가 올라가면 돈의 가격이 비싸져서 대출받은 돈의 이자가 늘어나고, 거꾸로 예금한 사람들은 더 많은 이자와 함께 돈을 돌려받는다. 금리가 내려가면 대출금리도 낮아지고 예금이자도 줄어든다.

그런데 금리의 변동은 국민경제에도 커다란 영향을 끼친다. 한국은행이 기준금리를 올리면 은행의 대출금리가 오르고, 빌린 돈에 대해서 이자를 더 많이 물어야 하기 때문에 기업들은 투자를 줄이게 된다. 그렇게 되면 경제활동에도 제동이 걸린다. 기준금리를 올린다는 것은 정부나 한국은행이 경기가 너무 과열되었다고 판단한다는 뜻이 담겨 있기 때문이다.

거꾸로 기준금리를 내리면 위와는 반대의 상황이 발생한다. 그런데 금리를 내릴 경우의 효과는 금리를 올릴 때만큼 빨리 나타나지는 않는다. 일단 한국은행이 금리를 내리면 은행의 대출금리가 낮아진다. 그렇게 되면 정부와 한국은행이 경제에 대해 우려하고 있다는 것을 알게 된 기업들이 우선 좀더 기다리며 금리가 더 떨어질지를 지켜보기 때문이다. 일단 지켜본 후 어느 정도 시간이 지나면 기업들은 은행에서 돈을 빌려 새로운 기계와 설비를 구입하기 시작한다.

빚이 쌓이면 어떻게 될까?

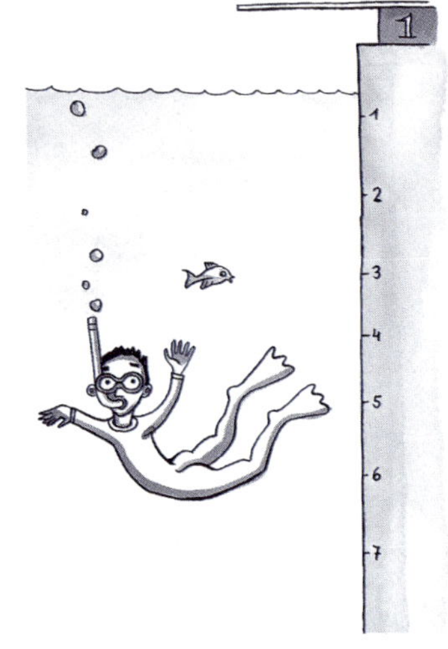

친구에게서 또는 은행을 통해 돈을 빌리거나 신용카드를 사용하는 등 당장 돈을 가지고 있지 않아도 소비생활은 가능하다. 그런데 먼저 소비를 하고 그 다음에 지출을 하는 것이 가끔은 편리할 때도 있지만, 이렇게 부채가 쌓이게 되면 경제적으로 큰 부담이 되기도 한다. 물론 빚이 한 푼도 없다면 좋겠지만, 빚지지 않고 산다는 것은 매우 힘든 일이다. 일단 우리가 살고 있는 집과 자동차 등에는 많든 적든 은행 부채가 포함되어 있는 경우도 있으며, 신용카드 결제액도 다음달이면 갚아야 할 빚인 셈이다.

그러고 보면 빚이 전혀 없는 사람을 찾는 것이 더 어려울지도 모르겠다. 물론 안정적인 소득이 있어서 갚아나갈 수 있는 경우에는 큰 문제가 되지 않을 수도 있지만, 그래도 빚이 많은 것은 위험하다. 갑자기 직장을 잃게 된다든지 아니면 여러 가지 이유로 소득이 줄어들게 되었을 때는 빚이 빚

을 낳는 수렁으로 빠질 수 있기 때문
이다.

그런데 이러한 나락에 스스로 빠
지는 사람들도 있다. 경제적 능력을
고려하지 않고 발급되는 신용카드가
사람들의 소비를 부추기는 것이다.
수입은 생각하지 않고 값비싼 물건
등을 구입하고, 하고 싶은 일을 위해
일단 카드를 사용한 사람들은 다음

은행이나 신용카드회사, 할부금융회사보다 더 높은 이자를 받는
사채도 많다. 경제가 어려워지면서 이러한 사채를 빌려 쓰고 피해
를 입는 사람들의 수가 증가하고 있다.

달 지불해야 할 카드 금액을 감당할 수 없어 곤란을 겪게 된다. 이렇게 결
제액이 자주 연체되면 신용불량자가 되고, 그렇게 되면 금융거래에서 불이
익을 당하게 된다. 결국 정부의 신용카드 이용 장려정책과 신용카드 회사
들이 경쟁적으로 발급한 카드, 소비자의 무분별한 소비 등으로 인해 우리
사회에서 신용불량자의 수가 증가했고, 이는 심각한 사회문제로까지 대두
되고 있다.

이럴 때 까다롭지 않은 절차로 쉽게 돈을 빌려주는 곳을 알아냈다면 사태
는 더욱 심각해진다. 심할 경우에는 빌린 원금보다 더 많은 이자를 내야 하
는 상황에 처할 수도 있다. 이렇게 되면 사회생활 자체가 거의 불가능해질
수도 있다.

주식이란 무엇일까?

주식에 투자해야 돈을 번다고 너도나도 몰려들더니 어느 날부터인가 주식에 투자했다가 망했다는 소리가 들려온다. 그런데 조금 지나면 다시 주식시장으로 돈이 몰려들고 있다고 한다. 그리고 주가가 올랐느니 내렸느니 하면서 뉴스를 장식하기도 한다. 이렇게 자주 듣게 되는 주식, 주식이란 무엇을 말하는 것일까?

'주식'이란 주식회사가 사업 밑천을 마련하기 위해 발행하는 증서로서 영어로는 'stock' 또는 'share'라고 한다. '주식회사'란 사업을 통해 이윤을 얻기 위해 여러 사람이 밑천을 대 운영하는 회사인데, 이 사업 밑천을 자본금, 자본금을 대는 사람들을 '주주'라고 부른다. 만일 자본금이 1억 원인 주식회사가 한 주당 가격을 5,000원으로 정하면 5,000원짜리 주식 2만 주를 발행하고, 주주들은 자신들이 투자한 비율에 따라 주식을 나누어 갖는다. 또한 주주는 자신이 보유한 주식 금액에 비례하는 권한과 책임을 가지고 회사 경영에 참여할 수 있으며, 회사가 이익을 내면 보유 주식 금액에 비례해서 이익도 배분받는다.

그런데 흔히 주식투자라고 할 때 사고파는 주식은 이른바 '상장기업'의 주식을 의미한다. 작은 규모로 출발한 회사가 경영이 잘되고 회사 규모가 일정 수준 이상으로 커지면 '기업공개'라는 과정을 통해 주식을 더 발행해 자본금을 불릴 수 있다. 여기서 기업공개란 기업이 이미 발행했거나 새로 더 발행하는 주식의 일부 또는 전부를 주식시장에 내놓고 팔아 자본을 공개모집하는 것을 말한다.

기업공개를 하려면 엄격한 자격 조건을 갖춰야 한다. 기업공개 후 공개매매하는 주식시장에 기업의 주식을 내놓는 것을 '상장'이라고 하며, 이러한 기업을 '상장기업'이라고 한다.

새 주식이 주식시장에서 팔리면 새로운 자금이 회사로 들어온다. 그리고 회사는 자본금이 늘어나 규모가 커지게 되므로 업계나 사회에서의 영향력과 신용도가 높아진다. 게다가 은행에서 빌린 자금은 이자를 치러야 하는데, 주식 발행으로 마련한 자금은 이자에 대한 부담도 없다.

그런데 어떤 회사가 주식시장을 통해 자본금을 불리기 위해서는 우선 투자자들로부터 좋은 평가를 받을 만큼 탄탄한 사업 기반과 전망이 있어야 한다.

주식시장은 어디에 있을까?

　은행에 예금해두면 안전하기는 하겠지만 이자가 적다. 그래서 사람들은 상대적으로 더 많은 이윤을 얻을 수 있는 주식에 관심을 갖게 된다. 그런데 막상 주식투자를 하려고 하니 주식시장, 증권시장 같은 생소한 말을 듣게 된다.

　'주식시장'은 주식을 사고파는 시장으로 주식시장과 증권시장은 대개 같은 의미로 쓰인다. '증권'이란 재산 가치를 표시한 증서로서 시장에서 현금으로 바꿀 수 있는 것을 말하는데, 이러한 증권에는 주식 이외에도 채권, 수표, 어음 등이 있다. 따라서 엄격하게 말하자면 주식은 증권의 일부이고 주식시장도 증권시장의 일부이지만, 증권 중에서 주식을 주로 거래하기 때문에 주식시장과 증권시장이 때로는 같은 의미로 쓰이는 것이다.

　한편 주식거래는 여러 경로로 이루어진다. 투자자들끼리 개별적으로 사고팔 수도 있고, 공인된 중개자를 두고 일정한 거래 원칙에 따라 경쟁매매를 하는 공개시장을 통할 수도 있다. 현재 공개된 국내 주식시장은 한국증권선물거래소(Korea Exchange)가 운영하고 있으며, 유가증권시장과 코스닥(KOSDAQ)시장으로 나눌 수 있다. 유가증권시장에서는 주로 규모가 큰 기업들의 주식이 유통되며, 코스닥시장에서는 주로 중소기업과 벤처기업의 주식이 거래된다.

주식시장에서 공개매매하는 주식은 누구라도 증권회사를 통해 사고팔 수 있다. 주식시장은 증권회사와 컴퓨터 전산망을 연결해놓고 투자자들이 증권회사를 통해 내놓은 주식의 매매 주문을 컴퓨터를 통해 서로 일치시켜 거래를 성사시키는 구조로 운영된다. 즉, 현대의 주식시장에서는 직접 만나서 사고파는 것이 아닌 전자결제 시스템으로 매매가 이루어지는 것이다.

따라서 주식시장에서 거래를 하기 위해서는 먼저 증권회사의 영업점에 가서 주식거래계좌부터 만들어야 한다. 그 다음 거래계좌에 돈을 넣어놓고 증권회사에 매매 주문을 내면 된다. 매매 주문은 영업점에 직접 찾아가 낼 수도 있고, 전화 또는 증권회사와 연결된 온라인 통신망을 이용할 수도 있다.

주식을 사고팔기 위해 어떤 과정을 거쳐야 할까?

　증권회사 계좌에 돈을 넣어둔 다음 주식을 사고파는 주문을 낼 때는 특정한 용어와 규칙을 따라야 한다. 따라서 주식에 관심이 있는 사람이라면 누구나 그 용어와 규칙들에 대해 알아두어야 한다.

　증권회사에 계좌를 만든 투자자들은 증권회사를 통해 주식매매 주문을 내고, 고객의 주문을 받은 증권회사는 이 주문을 주식시장으로 연결된 전산망을 통해 내놓는다. 이렇게 투자자들이 각 증권회사 영업점을 통해 낸 모든 주문들이 주식시장에 모이게 된다. 만약 어떤 주식을 얼마에 팔거나 사겠다는 주문이 나오고, 그 주식을 그 가격에 사거나 팔겠다는 주문이 나오면 매매가 이루어지는 것이다.

　주식을 사고팔겠다는 매매 주문은 여러 가지 방식으로 할 수 있는데, 가장 흔한 방식은 매매하려는 주식의 수량과 값을 지정해서 주문하는 이른바

'지정가 주문'이다. 예컨대 "A사의 주식을 몇 주, 얼마에 사겠다."라고 말하는 식이다. 그 밖에 '시장가 주문'이라는 것도 있다. 얼마 이하로 어느 종목을 몇 주 사달라고 하거나, 얼마 이상으로 어느 종목을 몇 주 팔아달라는 식인데, 이때 매매를 원하는 희망가격을 '호가'라고 한다.

이렇게 쏟아져 나오는 매매 주문은 매우 다양하기 때문에 주식시장에서는 '가격, 시간, 수량의 원칙'에 따라 거래를 성립시킨다. 이중 첫 번째로 적용되는 원칙은 '가격 우선의 원칙'이다. '팔자 주문'은 낮은 것이 높은 것에 우선하고, '사자 주문'은 높은 것이 낮은 것에 우선한다. 그러므로 팔자 주문 가운데서도 가장 가격이 낮은 주문이 사자 주문 가운데 가장 비싼 값을 부르는 것과 연결된다. 만일 호가가 같은 주문이 여러 개 겹칠 경우에는 두 번째로 '시간 우선의 원칙'을 적용한다. 먼저 주문을 낸 쪽부터 거래를 성립시키는 것이다. 만약 호가가 같은 주문이 동시에 여러 개 나올 경우에는 세 번째로 '수량 우선의 원칙'을 적용한다. 주문 수량이 많은 쪽부터 먼저 거래를 성립시키는 것이다.

이렇게 거래가 성립된 것을 "거래가 체결됐다."라고 하는데, 장이 서 있는 동안 가격이나 수량이 맞지 않아 거래가 체결되지 않은 주문은 장이 끝나는 대로 효력을 잃게 된다. 어떤 주식의 최종 거래가격을 '종가'라고 하는데, 이 가격이 다음 거래일의 기준가격이 된다.

주식시장에서 매매가 체결되면 그 결과가 전산망을 통해 일단 증권회사 영업점으로 전달되고, 영업점은 주문을 낸 투자자들에게 체결 결과를 알려준다. 체결 결과는 전화나 인터넷을 이용하면 거의 실시간으로 알 수 있다.

이렇게 주문이 체결되면 그 다음에는 주식과 현금이 오고가야 한다. 주식을 파는 사람은 주식을 넘겨주고 현금을 받게 되는데, 증권회사를 통한 주식거래는 매매가 이루어질 때마다 돈과 주식을 바꾸는 식으로 진행되지는 않는다. 누가 무슨 종목, 몇 주를 얼마에 샀는지, 팔았는지, 보유하고 있는지를 그때마다 기록해두었다가 이 거래 기록에 따라 증권회사의 계좌를 통해 돈이 오고간다. 그리고 증권사 영업점은 거래 실적이 있는 투자자에게 한 달에 한 번씩 거래 내역을 기록한 잔고증명을 우편이나 이메일로 알려준다.

주식실물 또한 투자자들끼리 서로 주고받는 과정에서 분실되거나 손상될 수 있기 때문에 '증권예탁결제원'이라는 기관에 맡겨둔다. 증권예탁결제원은 주식을 맡아두고 소유자가 바뀔 때마다 주주명부에 소유자의 이름과 주소를 바꿔 표기한다. 그러므로 우리는 주식시장에서 주식을 사도 주식을 실제로 볼 수는 없다.

주가지수란 무엇인가?

주식시장에서는 주식을 사고팔기 위해 필요한 용어와 규칙 이외에도 알아야 할 것들이 많은데, '주가지수'도 이에 해당된다.

주식시장에서 거래되는 주식들은 종목별로 매일 가격이 오르고 내린다. 따라서 주식시장 전반의 시세 흐름을 파악하기 위해서는 '주가지수'라는 것을 알아야 한다. '지수'란 상품의 값이나 수량이 일정 기간 동안 얼마나 달라졌는지를 확인하기 위해 만든 통계 값인데, 기준이 되는 시점의 값을 100이라고 했을 때 비교하려는 시점의 값이 얼마인지를 구해서 나온다.

유가증권시장에서는 거래종목 전체의 주가 움직임을 지수로 만든 종합주가지수를 만들어 쓴다. 정식 명칭은 '한국종합주가지수(KOSPI)'로 주식시장의 전산매매 시스템을 운영하는 회사가 주식시장이 열리는 동안 30초마다 집계하여 발표한다. 지수의 기준 시점은 1980년 1월 4일로, 당시 유유가증권시장의 전 종목의 주가 총액을 100으로 놓고 현재 시장의 주가 총액은 얼마나 되는지를 숫자로 나타낸다. 코스닥시장에서는 흔히 '코스닥지수'라고 부르는 '코스닥종합지수'로 주가지수를 나타내는데, 산출 방법은 종합주가지수와 같다. 그리고 이러한 주가지수의 단위는 포인트(P)를 쓴다.

종합주가지수나 코스닥지수를 보면 유가증권시장, 코스닥시장의 전체 추세를 한눈에 볼 수 있으며, 개별 종목을 어떻게 매매할지 정하는 데 참고할 수도 있다. 게다가 주식시장은 일반적으로 경제활동이 어떠한지 나타내기도 하므로 주가지수를 보고 경기를 판단할 수도 있다.

한편 뉴스를 보면 국내 주가지수 이외에 다우존스지수와 나스닥지수, 니케이지수 등이 매일 보도되는데, 다우존스지수와 나스닥지수는 미국의 주가지수이고, 니케이지수는 일본의 주가지수를 말한다.

이렇듯 외국의 주가지수를 보도하는 이유는 미국과 일본의 증권거래소의 흐름이 우리나라의 주가시세에도 영향을 미치기 때문이다. 세계화로 인해 미국이나 일본의 경제 전망이 낙관적인지 비관적인지에 따라 우리 기업은 수출에 직접적인 영향을 받게 되는데, 이것이 미국이나 일본의 주가지수로 나타난다고 보는 것이다.

예를 들어 미국 경제가 불안해지면 각국의 투자자들의 신경이 예민해지는데, 사람들은 미국 경제의 위기가 곧 자기 나라의 경제와 주식시세에 부정적인 영향을 끼치지 않을까 민감하게 반응하게 된다. 그러면 주식을 사고파는 데 더 신중해지고, 심지어는 가진 주식을 팔기도 한다.

주가지수의 변동을 알려주는 증권선물거래소의 전광판. 주가지수는 주식이 거래되는 시간 동안 시시각각 변동된다.

외국의 주가지수에 관심을 가져야 하는 또 하나의 이유는 미국을 비롯한 외국인 투자자들이 우리나라의 주식시장에 많은 투자를 하고 있기 때문이다. 외국인 투자자들은 세계적으로 경제 상황이 좋지 않을 것 같으면, 전 세계 시장에서 주식을 팔고 상대적으로 안전하게 이자를 받을 수 있는 채권 등을 구입한다. 이때 우리나라의 주식시장에서도 주식을 팔 가능성이 높아지는데, 결국 이런 이유 때문에 미국 주식시장의 동향은 전 세계 투자자들의 주시 대상이 될 수밖에 없다.

주식시세는 왜 오르내리는 걸까?

　2000년 초, 당시 주식투자를 하지 않았던 사람은, 좀더 직접적으로 말해 주식시장의 스타로 떠오르던 인터넷 벤처기업의 주식을 몇 주라도 갖고 있지 않았던 사람은 시대의 흐름에 뒤떨어진 듯한 인상을 주었다. 하지만 불과 2년 뒤에 이른바 ○○닷컴으로 불리던 수많은 인터넷기업, 벤처기업들이 쓰러지고 많은 투자자들이 손해를 보게 되었다. 그 결과 한동안은 이런 이름들을 입에 올리는 투자자가 거의 없었다.

　주식시장에서 일어나는 일을 예견하는 것만큼 어려운 일은 없을 것이다. 주식시장에서는 명백한 사실이 아닌, 기업이나 업종의 잠재적 가치라고 하는 '희망'이 거래되는 경우가 많기 때문이다. 또 주식시장은 군중심리가 잘 통하는 곳이다. 대형 투자자나 투자자 그룹이 어떤 기업의 주식을 대량으로 매입하면 덩달아 그 기업의 주식을 매입하거나, 아니면 그 기업과 같은 업종이나 비슷한 분야의 다른 기업의 주식을 매입하려는 투자자들이 빠르게 나타난다. 게다가 어떤 기업이 다음해 영업성과가 더 좋아지거나 더 나빠질 것으로 예상된다는 보도가 나오기만 해도 주식시세는 심하게 오르내리곤 한다.

2001년 9월 11일에 있었던 뉴욕 세계무역센터와 미 국방부에 대한 테러공격과 같은 대형 참사들은 주식시장에 강력한 영향을 미친다. 테러 이후 많은 투자자들은 세계적인 경제위기가 올 것으로 예상했고, 그 결과 팔자 주문이 엄청나게 쏟아졌다. 공포에 휩쓸려 주식을 투매해 버리는 것을 차단하기 위해 6일 동안이나 미국의 주식시장을 폐쇄했는데도, 주식시세는 20~30퍼센트나 곤두박질쳤다.

몇 주일이 지난 후부터 주식시세는 다시 조금씩 상승하기 시작했으나 얼마 지나지 않아 새로운 실망의 파도가 투자자들을 덮치고 말았다. 2002년 초, 미국의 유명 대기업의 경영자들이 저지른 기만적인 회계부정이 밝혀지면서, 세계적으로 다시 주식시세가 하락하기 시작했다. 유명 기업들조차도 이윤을 과장되게 부풀려 주주들을 기만했다는 사실이 밝혀지자, 많은 소액 투자자들과 외국의 거대 투자회사들은 의지할 곳을 잃고 말았다.

이처럼 투자에는 여러 가지 변수가 작용하지만, 투자자들의 결정에 영향을 미치는 보편적인 요소들이 몇 가지 있다. 하나는 경제의 전반적인 상황, 곧 경기인데, 경기가 상승할 것이라는 예측에 확신이 들면 대부분의 투자자들은 주식매입을 늘린다. 이와 반대로 모든 경제지표들이 불황을 예고하거나 경제 흐름의 퇴조를 나타내면 투자자들은 주식을 팔려고 한다. 그 밖에도 주식시장에 상장된 기업들의 수익성과 성장성으로 판단한다. 최소한 몇 년 동안은 이익을 거둘 수 있는 안정적인 수익 구조를 갖추고 있고, 앞으로도 사업을 확장해나갈 수 있는 장기적인 사업 전망이 있는 기업이라고 판단되면 투자자들의 관심을 받게 된다.

현재는 물론 미래의 수익성을 고려하여 기업을 판단하는 것은 분명히 힘든 일이지만, 그만큼 값어치가 있는 일이기도 하다.

주식시장의 호황과 불황으로
무엇을 알 수 있을까?

주식시장에서는 장기적인 시세의 흐름을 '호황' 또는 '불황'으로 표현하는데, 호황은 주식시세의 전반적인 상승을, 불황은 시세의 하락을 의미한다. 그런데 이러한 주식시세의 추이는 투자자들의 이익과 손실을 나타내기도 하지만, 경제 전체의 흐름을 나타내기도 한다.

주가가 상승한다는 것은 기업들의 형편이 좋다는 의미이다. 주문이 늘어 바쁘게 생산하고, 많은 이익을 남기며, 사업을 확대한다는 뜻이다. 사업을 확장하고 새로운 제품을 개발하는 데 필요한 자금을 얻기 위해 기업은 주식시장에서 추가로 주식을 판매할 수 있으므로 은행에 비싼 이자를 내지 않더라도 자본을 확보할 수 있고, 주주들 또한 이를 통해 이익을 얻게 된다. 기업의 이익이 증가하면 주주들에겐 더 많은 배당금이 돌아오고 소비자들과 기업의 종업원들도 더불어 이익을 얻는다. 새로운 상품, 실속 있는 제품이 생산되고, 안정된 일자리가 보장되기 때문이다. 그리고 더 나아가 새로운 일자리가 생겨나기도 한다.

그런데 실제로 경제 상황이 좋아지기 전에 주식시세가 먼저 상승하게 된다. 경제 상황의 변화를 먼저 예측할 수 있어야 이윤을 얻을 수 있으므로, 주식시장의 투자자들은 경제에 영향을 끼치는 여러 요소들에 대해 파악하고 먼저 주식을 사들이는 것이다. 일반인들이 실제 경기의 호황을 느끼는 것은 좀더 나중의 일이다.

거꾸로 경제가 호황을 누리고 있는데도 주식시장에서는 불황의 기미가 보이는 경우도 종종 있다. 기업에는 여전히 주문이 넘쳐나고 막대한 이익이 쏟아져 들어오면서 심지어는 종업원들을 새로 고용하고 있는데도, 주식시세는 내려가고 있는 것이다.

이러한 현상을 이해하기 위해서는 실질적으로 주식시장을 움직이는 금융자본에 대해 알아야 한다. 많은 소액 투자자와는 달리 금융기업 또는 거대 투자자들의 펀드 등은 막대한 자금력과 정보력을 바탕으로 실제 경제 상황에 대해 미리 판단하여 주식투자를 늘려 이익을 남긴다. 그러고는 경제가 나빠지기 전에 먼저 시장에서 빠져나가는 것이다.

주식투자 정보, 어디에서 얻을 수 있을까?

　주식을 사려고 하는 사람은 자기가 투자하려고 하는 회사에 대해 많은 정보를 얻어야 한다. 그 기업의 사정과 형편에 대해 빈틈없이 알아야 하고, 경쟁회사에 대해서도 주의를 기울여야 한다. 그런데 이 모든 정보를 어디에서 얻을 수 있을까?

　이러한 일을 대신해주는 전문가들을 애널리스트(analyst), 즉 '증시분석가'라고 한다. 이들이 가장 중요시하는 정보는 기업이 내놓는 결산보고서이다. 그 안에 영업실적, 지출, 수익, 투자, 이윤, 손실과 같은 중요한 지수들이 모두 들어 있기 때문이다. 그 밖에도 애널리스트들은 기업의 환경, 즉 그 분야의 경제 상황, 경기, 수입과 수출 동향 등을 고려하여 기업의 가치를 분석한다.

　이러한 분석을 통해 증권사는 고객들에게 투자 정보를 제공한다. 하지만 능력 있다고 소문난 애널리스트의 정보도 100퍼센트 믿을 수는 없다. 실제로 주식시장에서 이들 전문가들이 추천한 주식 가운데 많은 종목들이 불과 1년 뒤에는 이전 시세보다 더 떨어지는 경우도 있었기 때문이다. 따라서 전문가들의 판단도 그저 참고 사항의 하나일 뿐이라고 생각하는 게 좋다.

전문가들의 판단을 포함하여 실제로 주식을 구입할 때 기준으로 삼는 조건은 매우 다양하다. 주식시장에서 흔히 쓰이는 방법 중 하나는 주식을 가치주와 성장주로 구분하는 것이다. '가치주'란 기업 규모나 역사, 시장점유율 등에서 업종을 대표하는 주식 가운데 영업 실적이 좋지만 시세가 시장에서 낮게 평가되어 있는 주식을 말한다. '성장주'란 수익성이나 영업 실적이 당장은 대단하지 않아도 빠르게 성장하고 있는 종목, 주가가 장기적으로 오를 가능성이 있는 주식이다. 즉, 당장의 실적보다 성장 잠재력을 높이 쳐서 투자할 만한 종목이라 할 수 있다.

가치주는 시세가 낮게 평가된 우량기업의 주식인 데다가 가격 변동도 적어 당장의 수익률은 떨어져도 주가 변동으로 인한 손해의 위험이 적은 편이다. 이에 비해 성장주는 미래의 수익성을 근거로 주가가 빠르게 오르는 대신 주가 변동으로 인한 손해의 위험이 크다. 따라서 가치주나 성장주 가운데 어느 종목이 나은지 단정할 수는 없다.

주식시장에서 '개미'와 '큰손'은 누구를 말하는 것일까?

　흔히 '개미'는 '큰손'의 뒤만 쫓아다니다가 큰돈을 벌지 못한다고 이야기한다. 그런데 '개미'는 누구이고 '큰손'은 누구일까? 또 주식과 관련하여 심심치 않게 듣게 되는 이야기가 '작전'인데, 주식투자에서 '작전'이란 무엇을 이야기하는 걸까?

　보통 주식투자자를 일반투자자와 기관투자자로 나눈다. 일반투자자는 주식에 투자하는 개인을 말하고, 기관투자자는 증권회사, 보험회사, 은행, 투자신탁회사, 일반 기업 등을 말하는데, 흔히 '기관'이라고 부른다. 우리나라에서는 외국인의 투자가 대개 기관투자로 이루어지고 있다.

　한편 주식시장에서는 소액을 직접 주식에 투자하는 사람들을 '개미'라고 부르고, 기관이나 사설 펀드를 조직해 주식시장에서 거액을 굴리는 사람들을 '큰손'이라고 부르기도 한다. 기관은 주식매매에 운용하는 자금이 개인들과는 비교할 수 없을 정도로 많다. 그러므로 주식시세는 기관의 주식매매 동향에 큰 영향을 받는다.

그래서 주식시장은 이른바 '작전'이 벌어질 수 있는 가능성을 늘 안고 있다. 특정 세력이 서로 협의한 후에 자금을 동원해 특정 종목을 대량 매매함으로써 시세를 조종하여 이익을 얻는 것이다. 이때 작전 대상이 되는 주식을 '작전주', 작전을 벌이는 이들을 '작전세력'이라고 부른다. 이러한 작전은 법으로 금지되어 있고 적발되면 처벌도 당하지만, 주식시장에서 실제로 이루어지고 있다. 게다가 작전은 주로 '개미'를 제물로 삼아 이윤을 얻기 때문에, 개인투자자들은 작전에 걸리지 않도록 늘 주의해야 한다.

가장 일반적인 작전 수법은 개인을 현혹하는 것이다. 작전세력은 헛소문을 퍼뜨리면서 특정 주식을 대량으로 사들이는데, 그러면 해당 종목은 회사의 실적이나 가치와는 상관없이 시세가 급등한다. 주가가 급등하는 데 현혹된 개인들이 덩달아 주식을 사들여 주가가 더 오르면 작전세력은 주식을 팔아 이익을 챙긴다. 결국 멋모르고 뛰어든 개인투자자들은 피할 새도 없이 손해를 봐야 한다.

주식시장에서는 법으로 금지된 불법 내부자거래가 성행하기도 한다. 주식시장에 상장한 회사의 대주주나 유력 임직원, 증권사 임직원 등은 주가에 영향을 미칠 만한 중요한 미공개 정보를 남보다 먼저 입수할 수 있는 '내부자'에 해당된다. 이들 '내부자'가 미리 입수한 정보를 이용해 주식을 매매함으로써 부당 이득을 보는 것을 '불법 내부자거래'라고 한다. 직무나 지위상 내부 정보에 접근할 수 있는 공무원, 증권거래 감독기관 임직원, 거래 은행 임직원, 기자, 공인회계사 등도 때에 따라서는 내부자에 포함될 수 있다.

앞에서 언급한 모든 행위가 불법이지만 우리 주식시장에서는 실제로 이러한 위법거래가 성행하고 있다. 시장에 대한 감독이 느슨하고, 적발되었을 경우에도 처벌이 엄격하지 않기 때문에 공정한 규칙에 따른 주식거래가 이루어지지 않고 있는 것이다.

주식거래는 시장에서 정한 규칙에 따라 공정하게 이루어져야 한다. 그렇지 않으면 불공정거래를 통해 이득을 보는 사람들이 생기는 한편에서 피해를 보는 투자자들이 생긴다. 게다가 대부분의 경우 이러한 피해는 '개미'의 몫이다.

이러한 일이 되풀이되면 투자자들은 주식시장을 외면하게 될 것이다. 그러면 주식시장은 시장의 기능을 잃게 되고, 기업은 주식시장을 통해 사업자금을 마련할 기회를 잃게 된다. 결국 주식투자자만이 아니라 국민경제 전체가 피해를 입게 되는 것이다. 따지고 보면 우리나라 주가가 지속적으로 좋아지지 못하고 조금 오르는가 싶다가도 금방 내려앉고 마는 이유도 많은 부분이 이러한 불공정거래를 막지 못하는 데 있다고 할 수 있다.

해외에서 들어오는 '큰손', 핫 머니란 무엇인가?

주식시장을 움직이는 '큰손'에는 이른바 '핫 머니(hot money)'라고 부르는 해외에서 들어오는 투기성 단기자본도 포함된다. 핫 머니는 세계 각국의 부자들로부터 모은 자금을 무기로 국경을 넘나들며 각국의 주식시장, 금융시장에서 하루 거래량만 몇 조 달러에 이를 정도로 손이 큰 투기성 자본이다.

핫 머니의 배후에는 중동의 오일 달러, 국제 무기상이나 다국적 기업의 유휴자금을 주무르는 각국의 '큰손'들이 도사리고 있는 것으로 추정되지만, 명확하게 밝혀지지는 않고 있다. 또 그 규모가 얼마나 되는지도 알려져 있지 않다. 우리에게 잘 알려진 것은 조지 소로스(George Soros)가 운영하는 '퀀텀펀드(Quantum Fund)' 정도다.

핫 머니가 주식시장에 흘러들어오면 특정 종목의 주가를 일시에 싹쓸이

하듯이 끌어올림으로써 주식시장에 거품을 불어넣는다. 핫 머니가 주가를 올리면 일반투자자들은 주식을 사들이는 데 가세하기 쉽다. 그 결과, 주가가 더 오르면 일거에 주식을 팔아치워 거액의 이익을 남기고 썰물처럼 빠져나간다. 그런데 이러한 핫 머니가 챙겨가는 이익은 주가의 차액만이 아니라 환율의 변화에 따른 이익도 포함된다. 달러가 일시에 유입되면 환율이 떨어지게 되고, 환율이 떨어지면 더 많은 달러로 바꿔 갈 수 있기 때문인데, 이런 식으로 움직이는 핫 머니는 국내 사업에 장기적으로 투자하는 외국인 직접투자와는 성격이 다르다.

한편 핫 머니가 빠져나간 뒤에는 주가가 오른다고 멋모르고 주식을 산 투자자들이 큰 피해를 입게 된다. 그리고 이러한 핫 머니는 주가의 하락에 따른 투자자의 피해뿐만 아니라 나라의 돈이 나라 밖으로 빠져나가 국가적인 손실을 일으킨다. 게다가 유통되는 자금이 갑자기 해외로 빠져나가면 주식시장뿐만 아니라 금융시장, 경제 전반에까지 큰 영향을 끼친다. 1997년의 외환위기를 전후하여 우리나라의 주식시장과 금융시장은 이러한 투기성 국제단기자본이 가장 큰 이익을 낸 주요한 공략 지점이었다.

주식의 '상한가'와 '하한가'란 무엇인가?

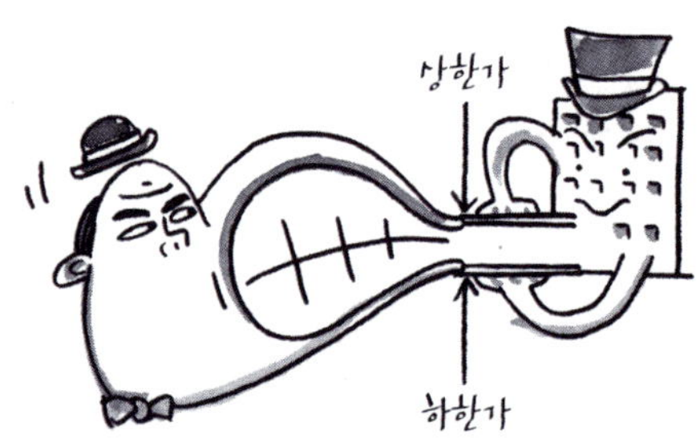

큰손들의 횡포로부터 일반 소액 투자자들이 보호받을 수 있는 방법은 없을까? 완벽하지는 않지만 이러한 피해를 막기 위한 최소한의 안전장치로 주식시장에서는 하루 동안 주가가 오르고 내릴 수 있는 가격제한폭을 두고 있는데, 이를 '상한가', '하한가'라고 한다.

유가증권시장과 코스닥시장에서는 시장이 열리는 하루 동안 주가가 오르고 내릴 수 있는 한도의 폭을 전일 종가의 15퍼센트 이내로 제한하고 있다. 만약 전일 종가가 1만 원이었던 종목은 다음 거래일에 내릴 수 있는 가격의 한계가 8,500원이다. 이렇게 하루 동안 최대한으로 내릴 수 있는 값을 '하한가'라고 한다.

거꾸로 하루 동안 오를 수 있는 최대값은 '상한가'라고 한다. 전일 종가가 1만 원이었던 주식의 상한가는 1만 1,500원이다. 따라서 8,500원보다

싸거나 1만 1,500원보다 비싼 값에는 아예 주문을 낼 수가 없다. 흔히 상한
가에 이르는 경우를 "천장을 쳤다."라고 이야기하고, 하한가로 떨어졌을 때
는 "바닥을 쳤다."라고 한다.

　이처럼 주식시장에서 하루 동안 오르내릴 수 있는 가격의 폭을 제한하는
이유는 '큰손'의 횡포로부터 '개미'를 보호하기 위해서다. '큰손'으로 불리
는 거액 투자자들이 특정 주식을 대량으로 매매하면, 그 영향으로 해당 종
목 주가가 폭등하거나 폭락하여 개인투자자들이 피해를 보기 때문이다.

　이러한 상·하한가의 제한폭은 갈수록 커지고 있는데, 가격제한폭이 시
장의 효율성을 저해하는 요인이 된다는 주장 때문이다. 효율적인 시장에서
는 주가가 유용한 모든 정보를 즉시 반영해야 하나 가격제한폭과 같은 인위
적인 장치로 인해 정보를 즉시 반영하지 못한다는 것이다. 이러한 이유로
미국, 영국, 독일, 홍콩, 싱가포르 등에서는 가격제한폭을 두지 않고 있다.

　우리나라도 코스닥시장의 상·하한가 제한폭이 점차 늘어 15퍼센트까
지 확대되었다. 상·하한가 제한폭이 커지면 주식시장의 투기 성격이 강해
지는데, 그렇게 되면 큰돈을 벌 수 있는 기회는 늘어나겠지만 그만큼 실패
할 때 입는 손실도 커지게 된다.

주주에게는 어떤 권리가 있을까?

생소한 용어들을 익혀가며 주식을 사게 되면, 거래하는 증권회사에서 우편 또는 이메일로, 어느 회사 주식 몇 주를 사고팔았는지, 현재 보유하고 있는 주식은 무엇인지 알려준다. 그런데 한 기업의 지분을 소유한 주주가 되어 실제로 얻을 수 있는 것은 무엇일까?

주식시세가 오르면 주식을 보유하고 있는 사람은 주식을 팔아서 돈을 벌 수 있다. 또 시세가 오르지 않아도 매년 주주로서 기업의 성과를 분배받을 수 있는데, 이를 '배당'이라고 한다. 사전을 찾아보면 배당이란 "밑천을 댄 사람에게 그 이익의 몫을 나누어주는 것"이라고 되어 있다.

배당은 일반적으로 주식을 처음 발행했을 때 정한 한 주당 주식의 가격, 즉 액면가를 기준으로 하여 주식의 소유 비율에 따라 지급한다. 이를 '액면가 배당'이라고 하는데, 예를 들어 주식을 처음 발행할 때 한 주당 가격이

5,000원이었다고 한다면 5,000원에 대한 일정한 비율의 액수를 지급하는 것이다.

이렇게 배당금의 규모를 결정해서 주주들에게 나눠주기까지는 여러 과정을 거치게 된다. 회사의 이사회는 먼저 한 해 동안 회사를 잘 꾸려왔는지를 나타내기 위해 회계장부를 만들고 영업결산을 한다. 그 다음에는 이 장부를 공인회계사가 있는 회계법인에 보여주고 장부에 이상이 없는지 감사를 받아야 한다. 이어서 주주들에게 나눠줄 이익이 얼마나 되는지를 계산하여 잠정적으로 결정하고, 회사의 감사는 주주총회에서 이에 대해 최종적으로 표결에 부친다.

물론 운영을 잘못해서 이익을 남기지 못했다면 배당받을 몫도 없게 된다. 만약 회사의 경영진이 경영을 잘못해서 배당금도 받지 못하고 주식시세마저 떨어지고 있다면, 소액을 투자한 일반 주주들은 어떻게 대응해야 할까?

이 경우 투자자들은 형식적으로는 주주총회에 참석하여 자신들의 손해에 대해 따질 수 있지만, 그게 말처럼 쉬운 일은 아니다. 보통 주식시장에 상장된 대기업은 발행 주식 수가 수천만 주에 달하기 때문에, 기껏해야 몇 백 주 또는 몇천 주를 소유하고 있는 소액주주가 수십만 명에 이를 수도 있다. 그리고 주주총회에서는 주주 한 사람이 한 표가 아니라 주식 한 주에 한 표의 권리를 갖게 된다.

따라서 재벌기업의 회장과 그 가족들이 소유하고 있는 주식의 지분은 보통 10퍼센트 정도에 불과하지만, 나머지 90퍼센트의 주식이 수많은 소액주주들에게 분산되어 있으므로 대주주나 경영자들이 모든 것을 소유한 것

여러 소액주주들의 권리를 한데 모아 대주주나 경영자를 견제하고 감시하는 시민단체의 활동을 '소액주주운동'이라고 한다.

처럼 회사를 지배할 수 있는 것이다.

그래서 최근 몇 년 사이에 시민단체를 중심으로 '소액주주운동'이라는 것이 전개되고 있다. 시민단체가 소액주주로부터 자기 대신 주주로서 활동하는 것을 인정한다는 위임장을 받아 지분을 모은 다음, 몇몇 기업의 대주주나 경영자를 견제하는 것이다. 이들은 회사에 손해를 끼친 경영자에 대해서는 소송을 통해 돈을 받아내기도 하고, 주주총회에 참석하여 회사 경영의 문제점을 따지기도 한다.

물론 이러한 운동이 주식을 산 모든 회사의 경영에 긍정적인 영향을 주어 투자의 이익을 보장해주는 것은 아니지만, 대주주나 경영자의 잘못된 씀씀이나 경영을 견제하는 상징적인 효과를 기대할 수 있다.

채권이란 무엇인가?

　투자를 위해 주식만 고집할 필요는 없다. 주식시장이 내리막길로 들어섰는데 '아직 바닥을 치지 않고' 있어서 시세 하락의 끝이 보이지 않을 때는 채권도 안정적인 투자수단이 될 수 있다.

　'채권'이란 정부나 지방자치단체, 공공기관, 금융기관, 기업 등이 정책이나 사업 수행에 필요한 거액의 자금을 일시에 빌려 장기간 쓰기 위해 발행하는 일종의 빚 문서다. 발행기관에 따라 국채, 공채, 사채 등으로 불리는데, 채권을 발행할 수 있는 자격은 법으로 엄격히 정해져 있다.

　우선 채권은 발행할 때 가격과 만기, 금리를 정해놓는다. 또한 발행 뒤에는 채권을 사들인 투자자에게 정기적으로 또는 만기일에 이자를 지급하며, 만기가 되면 원금도 돌려준다. 게다가 만기일 이전에도 언제든지 다른 이에게 팔 수 있어서 개인 간에 주고받는 빚 문서와는 다르며, 채권매매 또한 증권회사 등의 금융기관에서 중개해주므로 쉽게 이용할 수 있다.

채권은 보통 할인발행을 하는데, 예를 들어 액면가가 100만 원인 채권을 95만 원에 판매하는 식이다. 이 채권을 사서 만기일까지 보유한 투자자는 만기일에 100만 원을 돌려받고 더불어 정해진 금리에 따른 이자도 받게 된다. 즉, 채권투자자는 액면가와 발행가의 차액에 따른 이익과 발행 때 정해진 금리에 따른 이자를 함께 받는 것이다. 그러므로 채권은 주식에 비해서 안정성 있는 투자수단이라고 할 수 있는데, 주식처럼 도중에 판다고 해도 원금은 손해보는 일이 없기 때문이다.

보통 채권은 단위 금액이 크기 때문에 금융기관 간에 거래가 이루어진다. 따라서 개인이 채권에 직접 투자하기는 쉽지 않고, 증권사의 계좌를 이용할 수 있다. 즉, 은행이나 증권사에 돈을 맡겨 투자를 할 수 있다.

투자수익이란 무엇인가?

　주식이나 채권에 투자하는 이유는 이익을 남기기 위해서다. 자기가 투자한 돈을 돌려받는 것은 물론이고, 거기에 덧붙여 두둑한 추가 보너스를 받고자 하는 것이다. 이와 같이 투자한 자본에서 얻는 이익을 '투자수익'이라고 하는데, 투자수익은 세금, 비용, 수수료를 공제하고 투자자의 손에 실제로 들어오는 금액을 말한다. 그리고 투자한 돈에 대한 수익의 비율을 '투자수익률(ROI)'이라고 한다.

　모든 투자자들이 가장 큰 이익을 남길 수 있는 곳에 자기 돈을 투자하고 싶어 하지만, 그것이 생각처럼 간단하지는 않다. 일반적으로 자본투자의 위험성이 높은 투자처일수록 얻을 수 있는 수익도 더 크기 때문이다. 규모가 작아서 안정성이 떨어지는 금융기관일수록 이자율이 높듯이, 투자수익률도 투자금액을 잃을 위험성에 비례하여 상승한다.

국제금융시장에는 투자의 안정성과 위험성을 평가해주는 이른바 '신용평가기관'이라고 불리는 회사가 있는데, 무디스(Moody's Investors Service)와 스탠더드 앤드 푸어스(Standard & Poor's Corporation)가 대표적이다. 이들 업체는 세계 각국의 금융기관과 기업, 정부의 신용도를 등급으로 매겨두고 정기적으로 또는 수시로 신용을 재평가해 등급을 조정하고 발표한다. 신용등급에서 낮은 평가를 받은 기업이나 금융기관, 정부는 금융기관으로부터 돈을 융통할 때 이자를 더 내야 하는 등의 불편을 겪게 되고, 더 까다로운 조건으로 돈을 빌리게 된다. 대표적인 예로 지난 1997년 외환위기 당시 우리 정부와 기업들의 신용등급이 하락하면서 해외 금융시장으로부터 돈을 빌리는 데 엄청난 추가 이자를 부담해야 했던 경우를 들 수 있다.

신용등급이 높다는 것은 그곳에 투자를 해도 돈을 떼일 염려가 없이 안전하다는 뜻이다. 이러한 기업은 은행에서 돈을 빌릴 때도 낮은 이자율이 적용된다. 따라서 이 회사의 채권은 위험성이 적은 대신 수익률은 낮다. 반대로 어떤 회사의 신용등급이 낮은 평가를 받게 되면 은행에서 돈을 빌리는 데도 높은 이자를 부담해야 하고, 회사채를 발행해도 잘 팔리지 않기 때문에 높은 이자를 쳐줄 수밖에 없다. 흔히 신용등급이 낮은 회사의 채권을 정크본드(junk bond)라고 부르는데, 이러한 채권은 위험이 높은 대신 투자수익은 대단히 높은 편이다.

간접투자, 펀드란 무엇인가?

　직접투자는 위험성이 높고, 채권은 안정적이지만 수익률이 낮아 보인다. 더군다나 투자할 수 있는 자금도 적은 데다 전문지식이나 경험도 부족하다면 어떻게 해야 할까? 주식은 어느 종목에 몇 주나 사고, 나머지 돈은 어디에 얼마나 투자하는 것이 좋을까?

　투자자들은 늘 이러한 것들에 대해 궁금해한다. 특히 소액을 투자하려고 하는 사람들은 어떻게 돈을 굴려야 하는지 판단이 서지 않는 경우가 많은데, 이러한 경우에는 간접투자가 괜찮은 방법일 수도 있다. '간접투자'란 투자신탁회사나 은행, 증권사 같은 금융기관에 돈을 맡겨, 말 그대로 간접적으로 투자하는 것이다. 그리고 이 같은 간접투자의 매개가 되는 것이 바로 펀드(fund)다.

　'펀드'란 투자전문회사가 투자자로부터 돈을 모아 만든 투자용 뭉칫돈을 말한다. 투자전문회사는 펀드 운용을 펀드매니저(fund manager)라고 불리는 회사 내의 투자전문가에게 맡긴다. 펀드매니저는 일정한 기간 동안 펀드를 주식이나 채권에 투자하여 이익이 나면 돈을 맡긴 고객에게 그 이익을 돌려준다.

펀드에 투자하는 방법은 간단하다. 증권사나 은행 창구에 가서 예금을 하듯이 돈을 맡기고 펀드에 가입하면 된다. 투자신탁회사나 자산운용사가 운용하는 펀드도 아직까지는 직접 판매하는 것이 아니라 은행이나 증권사에서 판매를 대행한다.

그런데 펀드에도 여러 종류가 있다. 장기투자를 위주로 하는지 단기투자를 위주로 하는지, 주식과 채권의 투자 비율이 어느 정도인지, 목돈으로 투자하는지 소액을 정기적으로 투자하는지 등에 따라 수백 종의 펀드가 있다. 또한 자본시장의 세계화에 따라 국내만이 아니라 해외의 주식시장이나 부동산 등에 투자하는 펀드도 늘고 있다. 따라서 펀드에 가입하기 위해서는 자신의 경제적 상황을 잘 따져보고, 거기에 맞는 것을 골라야 한다. 또 펀드에는 대개 일정한 투자 기간이 정해져 있는데, 중간에 해약하고 돈을 회수할 때의 조건 등도 살펴봐야 한다.

펀드를 통한 간접투자는 목돈이 없어도 매월 얼마씩의 돈을 은행에 예금하듯이 투자하는 적립식 펀드가 나오면서 대중화되었다. 2007년 상반기를 기준으로 했을 때, 거의 두 가구 가운데 한 가구꼴로 적립식 펀드 계좌를 개설했다고 한다.

한편 우리나라에서 모집하는 펀드는 투자 방법 등에서 일정한 법의 규제를 받는다. 이를테면 특정한 회사의 주식 등에 많은 투자를 할 수 없게 하여 투자를 분산하도록 하고 있는데, 다양한 유가증권에 투자를 분산하면 그만큼 투자에 대한 위험도 줄어든다.

하지만 분명히 알아두어야 할 것은 펀드는 예금이 아닌 투자라는 것이다. 따라서 펀드 운용에서 손실을 입으면 그 손실은 펀드 가입자들이 나누어 져야 한다.

4장

나라의 경제, 세계의 경제

한 나라의 경제 규모는 어떻게 알 수 있을까?

흔히 미국이나 일본은 우리나라보다 경제 규모가 크다고 이야기한다. 그런데 경제 규모가 크다면 구체적으로 뭐가 크다는 걸까? 또 한 나라의 경제 규모를 정확하게 측정하고 비교하는 기준은 무엇일까? 여기서 바로 우리가 흔히 듣게 되는 국내총생산(GDP)과 국민총생산(GNP)이라는 개념이 등장하게 된다.

국내총생산, 즉 GDP는 1년 동안 한 나라의 영토 안에서 생산된 재화와 서비스의 전체 가치를 의미한다. 이는 나라의 국경을 기준으로 하기 때문에 그 나라에서 일하는 외국인들과 외국회사들이 생산한 재화와 서비스도 모두 포함된다.

이에 비해 국민총생산, 즉 GNP는 한 나라의 국민이 1년 동안 생산한 재화와 서비스의 가치를 모두 합한 것이다. GNP는 국적을 기준으로 하기 때문에 외국인이 들어와 번 돈은 계산에서 빼고, 자국민이 외국에 나가 번 돈은 포함시킨다. 즉, 메이저리그의 박찬호 선수나 프리미어리그의 박지성 선수가 외국에서 번 돈은 포함시키고, 국내에서 활동하는 외국인 선수의 연봉은 제외시켜야 한다.

몇 년 전만 해도 경제 규모를 이야기할 때 주로 GNP를 기준으로 했으나 요즘은 주로 GDP를 사용한다. GDP를 기준으로 하는 가장 큰 이유는 경제의 세계화 때문이다. 경제 개방화에 따라 자국민이 외국에 나가서 돈을 벌거나 외국인이 자국에 들어와 돈을 버는 일이 많아지다 보니, GNP를 계산하기도 어렵고 경제의 세계화 추세를 따라가기에도 역부족인 면이 많았다.

한편 GDP를 비교해보면 한 나라의 경제 규모를 파악할 수 있다. 우리나라의 2006년도 GDP는 약 847조 8,764억 원, 달러로 8,874억 달러다. 미국은 우리나라의 약 15.7배, 일본은 5.7배이고, 중국이 2.8배, 유럽연합은 11.7배쯤 된다.

국민들의 생활수준을 비교할 때는 국민 1인당 GDP를 기준으로 한다. 이는 우리가 흔히 '1인당 국민소득'이라고 부르는 것으로서, 이 수치가 높다는 것은 대개 그 나라 국민들의 생활수준이 높다는 것을 의미한다.

그러나 1인당 국민소득이 높다고 해서 반드시 국민들의 복지수준이 높다고 할 수는 없다. 국민소득을 추계하는 과정에 허점이 있기 때문인데, 먼저 GDP는 시장에서 거래된 것만을 기준으로 하기 때문에 가사노동이나 세금을 제대로 내지 않는 지하경제에 대해서는 적용하지 않는다. 예를 들어 가사도우미에게 돈을 지급하는 가사노동은 GDP에 포함되지만, 가족이 직접 하는 가사노동은 계산되지 않는다. 따라서 생활의 많은 부분을 자급

자족으로 해결하고 지하경제의 규모가 큰 후진국일수록 GDP가 낮게 평가되는 경향이 있다. 또한 GDP는 생산활동을 위한 휴식의 기회이자 삶의 질을 향상시키는 여가 시간의 가치는 인정하지 않는다. 영화를 관람하고 공원 입장료를 내면 그 비용만큼은 GDP에 포함되지만, 집에서 휴식을 취하거나 입장료가 없는 산에 오르는 것은 GDP에 포함되지 않는 것이다. 그리고 GDP는 상품과 서비스의 가치만 계산할 뿐 그 과정에서 발생하는 환경오염이나 교통체증과 같은 부작용에 대해서는 고려하지 않는다. 깨끗하고 좋은 환경, 충분한 휴식과 여가 생활이야말로 물질적인 풍요 못지않게 삶을 풍요롭게 하는 중요한 요소이지만, GDP는 이러한 요소를 제외시킴으로써 복지수준의 지표를 나타내는 데 한계를 갖는다. 게다가 오히려 환경오염을 방지하는 데 들인 비용이 GDP에 포함되어 GDP가 과다 계산되는 경우가 발생하기도 한다.

경제가 성장하면 나에게도 좋은 걸까?

  뉴스를 통해서 우리는 다 죽어가는 목소리로 '경제성장률이 기대에 미치지 못했다'거나 '경제성장 전망이 어둡다'는 말을 듣곤 한다. 그런데 경제성장률이 조금 떨어진 것이 우리 생활과 어떤 관련이 있는 것일까?

  경제가 성장했다는 것은 전년도와 비교해서 올해의 GDP가 증가했다는 것을 의미한다. 그런데 한 나라의 경제 흐름을 장기적으로 관찰해보면, 대개 인구가 증가해 노동력이 늘어나고, 공장이나 도로 등과 같은 생산시설이 증가하며, 기술이 발전하기 때문에 GDP는 보통 꾸준히 증가하는 경향을 보인다. 물론 GDP가 증가하더라도 인구가 똑같은 비율로 증가한다면 국민들의 생활수준은 나아지지 않겠지만, 대개는 생산시설 증가가 인구 증가를 앞서기 때문에 경제 규모가 커지는 것이다. 그런데 이 경제성장률이 조금 떨어졌다고 해서 왜 모두들 심각해하는 걸까?

사람들이 경제성장률을 중요시하는 이유는 경제가 성장하면 생활수준이 그만큼 나아질 것이라고 믿기 때문이다. 경제가 성장하면 재화와 서비스가 전보다 많이 생산·판매·소비되어 기업의 수가 증가하고 일자리도 늘게 마련이다.

하지만 재화와 서비스를 전보다 더 많이 생산한다 하더라도 그것을 소수 몇몇이 독차지한다면, 그 외의 사람들에게는 경제성장이 아무런 의미도 없게 된다. 따라서 경제성장을 통해 재화와 서비스의 생산을 늘리는 것도 중요하지만 이것을 골고루 나누는 분배 또한 우리의 생활과 밀접하게 연관되어 있다.

우리나라는 경제성장률이 1퍼센트 높아지면 약 5만 명의 실업자에게 일자리를 더 만들어줄 수 있다고 한다. 그런데 우리 경제는 2003년 이후로 경제성장률이 3~4퍼센트대에 머무르고 있고, 그 결과 최저생계비에도 못 미치는 소득만을 올리는 '절대 빈곤층'이 빠르게 늘고 있다. 이는 기본적인 생활을 보장해주는 사회복지제도가 애초부터 잘 갖추어져 있지 않은 데다가 성장률마저 떨어지자 실업자가 점점 늘어 생긴 사회문제라 할 수 있다.

호황과 불황 사이, 경기는 어떻게 변동하는 걸까?

　흔히 경기가 '좋다'거나 '나쁘다'고 말하는데, 경기란 바로 '경제의 상태'를 의미한다. 경기는 회복기에서 호황기로 이어지며, 호황기가 정점에 이르면 그 다음에는 후퇴기가 이어지고, 마지막으로는 불황기로 접어드는 순환 주기를 반복한다. 즉, 경제는 매년 고르게 성장하는 것이 아니라 호황과 불황의 주기를 반복하면서 성장한다.

　경기가 순환 주기 가운데 어떤 지점에 있는지, 언제 다음 주기로 넘어갈 것인지를 예측하는 일은 매우 중요하다. 만약 정부가 경기 흐름을 잘못 예측해 경제정책을 제대로 쓰지 못하면 호황이 가능한 상황도 불황으로 빠질 수 있다. 또 기업도 경기 예측을 잘못하면 생산과 투자를 그르칠 수 있다.

　우리나라는 연말이 되면 정부나 한국은행, 민간경제연구소 등이 그 다음 해의 경제성장률을 예측해서 발표한다. 보통 5~6퍼센트가 적정한 성장률이라고 하는데, 그 이하면 불황이 계속된다는 뜻이고, 그 이상이면 경기가 좋아진다는 뜻이다.

실제로 경기가 어떤 국면으로 접어들고 있는지는 통계청에서 매달 발표하는 경기종합지수를 통해 알 수 있다. 경기종합지수는 생산, 투자, 소비, 금융, 무역 등 주요 부문의 변화를 이전 달과 비교한 지표이다. 정부나 각종 민간경제연구소, 기업 등은 이를 통해 현재 경기를 파악하거나 앞으로의 경기를 예측해 경기 흐름에 대응할 수 있는 정책을 세운다.

한편 경기가 좋을 때는 생산과 소비, 투자가 다 함께 활발히 움직인다. 이때는 기업이 만든 상품이 잘 팔려 많은 이익을 얻게 되는데, 그렇게 되면 기업은 투자를 늘려 생산을 확대하고, 기업의 생산 규모가 커지면 원재료 구입도 늘어난다. 따라서 원재료를 공급하는 기업들의 생산 규모도 함께 커진다. 또한 생산이 늘어나면 일거리도 많아지고 일자리도 늘어난다. 이에 따라 월급생활자들의 임금, 자영업자의 수입도 많아져 가계의 살림살이가 넉넉해지고, 호주머니가 두둑해진 소비자들은 전보다 소비를 늘리게 된다.

그런데 이러한 호황기를 거치면서 성장은 서서히 위축되기 시작하는데, 이는 생산 설비가 충분히 늘어나서 자본재의 주문량이 줄어드는 것으로 나타난다. 또 경쟁적으로 늘어난 생산 설비는 원재료의 수요를 늘려 원재료의 가격을 올리게 되고 임금 또한 올리게 된다. 결국 이렇게 늘어난 상품의 생산비용은 상품의 판매가격을 높이게 된다. 이런 식으로 제품의 가격이 오르면 제품이 팔려나가는 속도나 양은 이전보다 떨어지기 시작하고, 팔리지 않은 재고상품도 쌓이게 된다. 그러면 기업은 이전과는 반대로 생산량을 줄이고, 가격을 내려서라도 재고를 시장에 내놓

기계와 공장건물처럼 기업이 상품을 생산하는 데 필요한 시설을 '자본재'라고 한다.

게 된다. 완제품 생산이 줄게 되면 원재료 수요도 줄게 되고, 일자리 또한 줄어든다. 이른바 경기가 호황의 정점을 지나 후퇴기로 접어드는 것이다.

기업의 생산과 판매, 그리고 일자리가 줄게 되면 가계의 자금 사정도 빠듯해져서 소비가 위축된다. 소비가 줄면 판매는 더욱 부진해지고 경제 상황은 더욱 위축되는데, 이러한 부진이 산업 전반으로 확산되면 경기는 불황기로 접어들게 된다. 불황기에는 문을 닫는 기업도 많아지고 생산, 판매, 소비가 다 함께 침체된다. 게다가 불황기가 지속될수록 원재료의 가격과 임금, 상품의 가격은 더욱 낮아진다.

그러나 호황이 언제까지나 계속되지 않듯이 불황에도 끝이 있다. 한동안 불황이 이어지다 보면 가격과 비용이 충분히 낮아지는데, 이러한 여건을 활용한 생산과 판매, 소비가 다시 고개를 들기 시작한다. 그리고 이러한 움직임이 점점 활발해지면 경기가 다시 활기를 띠는 회복기에 접어들게 된다.

불황기에는 누구나 지출을 줄이고 저축을 늘린다. 그러나 소비가 늘지 않으면 경기가 회복되기 어렵다.

어떻게 하면 경기를 회복시킬 수 있을까?

경기가 좋아졌다 나빠졌다 하는 것은 분명하지만 정확하게 그 시기를 예측하는 것은 대단히 어렵다. 그러나 현대 국가는 국민경제의 원활한 운영을 책임지고 있기 때문에 경제가 좋아지기만을 마냥 기다릴 수는 없다. 따라서 정부는 경제를 활성화하기 위해 다양한 정책을 시도한다.

우선 정부는 나라의 살림살이인 재정의 지출을 늘림으로써 경제를 활성화할 수 있는데, 이를 정부의 '재정지출정책'이라고 한다. 예를 들어 정부가 새로운 고속도로를 건설한다고 하자. 그렇게 되면 우선 건설회사들의 수입이 늘어나게 된다. 건설회사는 고속도로 건설에 필요한 중장비를 추가로 사들이고, 시멘트와 철강재 주문을 늘리게 되며, 건설에 필요한 많은 인부들을 고용한다. 그리고 이러한 각종 수요의 증가는 여러 분야로 파급되어 경기회복의 속도를 높이는 계기가 된다. 사회복지비용도 마찬가지 역할을 할 수 있다. 특히 서유럽처럼 사회보장제도가 잘 갖춰진 나라에서는 자녀수당이나 가족수당과 같은 정부보조금을 올려줌으로써 소비를 유도하여 경제를 활성화하기도 한다.

국가가 재정지출을 늘려서 경제성장을 촉진하는 경제정책을, 영국 출신의 경제학자 케인스의 이름을 빌려 '케인스 경제'라고 부르기도 한다. 세계대공황 이후 1930년대의 미국과 영국에서는 그의 제안을 받아들여 경제를 활성화시켰다.

이와는 반대로 정부의 지나친 개입이 오히려 시장기능을 약화시켜 경제에 부정적인 영향을 끼친다고 주장하는 사람들도 있다. 이들은 지나친 사회보장정책도 정부의 비대화를 가져와 효율성을 떨어뜨렸으며, 사회보장비가 생산적인 수요의 확대로 이어지기는 어렵다고 말한다. 그리고 세금감면과 각종 경제활동에 대한 정부의 규제 축소를 요구하는데, 국민들의 세금이 줄어들면 가계가 소비생활에 쓸 수 있는 소득이 증가하기 때문이다. 가계는 증가한 소득을, 소비를 통해 지출하고 일부는 저축을 한다. 가계의 소비가 증가하면 기업의 주문이 늘어나게 되고, 이러한 수요의 증가는 경제를 활성화시키는 촉매제 역할을 하게 된다. 또 세금이 줄어들면 기업도 생산을 늘리게 되므로 경기가 점차 좋아진다. 이 밖에도 각종 근로조건이나 허가조건 등에 대한 규제를 완화하는 방법을 통해 생산과 고용의 증대를 유도할 수 있다.

이처럼 경제정책이 기업가에게 유리한 방향으로 적용될 때, 경제학자들은 이를 '공급중심 경제정책'이라고 한다. 반대로 소비자가 상품과 서비스에 대한 수요를 늘릴 수 있도록 유도하는, 소비자에게 유리한 경제정책을

'수요중심 경제정책'이라고 한다.

한편 화폐를 발행하고 시중의 통화량을 조절하는 중앙은행도 경기에 영향을 줄 수 있다. 중앙은행은 일반 시중은행에 돈을 빌려주는 역할을 하며, 중앙은행이 기준금리를 내리면 일반은행의 이자율도 내려간다. 기업은 주로 은행의 돈을 빌려서 필요한 기계와 장비를 구입하기 때문에 이자율에 민감할 수밖에 없다. 이자율이 낮아지면 기업의 투자가 활발해지고, 반대로 중앙은행의 기준금리가 높아지면 시중은행의 이자율이 올라가서 기업의 투자도 줄어들게 된다. 기업의 투자만큼 민감하지는 않지만 가계의 소비도 이자율의 영향을 받는데, 이자율이 올라가면 저축이 늘어나면서 소비가 줄어들고, 이자율이 내려가면 저축은 줄고 소비는 늘어난다. 이처럼 중앙은행의 금리를 조절하여 시중의 돈의 양을 늘리거나 줄임으로써 경기를 조절하는 정책을 '통화관리정책'이라고 한다.

생산성, 같은 노력으로 더 많은 것을 얻을 수 있다면?

경제가 얼마나 효율적으로 움직이는가를 평가할 때 기준이 되는 것이 바로 '생산성'이다. 보통 투입된 원료나 기계 설비, 노동 시간 등을 바탕으로 산출된 재화와 서비스의 양이 늘어나게 되면, 즉 작업 능률이 올라가면 생산성이 높아졌다고 이야기한다.

자동차 생산을 예로 들어보자. 자동차 한 대를 생산하기 위해 원재료와 기계, 노동력이 얼마나 많이 투입되었는가를 나타내는 것이 바로 생산성이다. 기업은 제품과 서비스의 생산성을 높이기 위해, 다시 말해서 원재료와 기계, 노동력을 좀더 적게 투입하고도 더 많은 양의 제품을 생산하거나, 같은 양을 투입하고서 좀더 많은 재화와 서비스를 생산하기 위해 지속적으로 노력한다. 이러한 노력이 성공을 거두면 생산비용이 내려가고, 그 결과 기업의 이윤이 늘어난다. 또 경쟁이 심한 상황에서는 가격을 내릴 수 있는 여유가 있으므로 시장에서 제품을 판매할 때도 경쟁력을 가질 수 있다.

기업주와 노동조합 간의 임금협상에서는 특히 노동생산성이 중요한 기준이 된다. '노동생산성'이란 투입된 노동력의 양과 생산된 재화의 양을 비교하여 측정하며, 노동생산성이 증가하면 임금인상 요구도 정당성을 갖게 된다. 생산성이 높아지면 기업의 생산과 판매 수입이 증가하여 임금을 높여줄 수 있다. 곧 생산성의 향상은 고임금의 원동력이 되는 것이다.

일반적으로 생산성은 공장이나 기계 등에 대한 투자에 의해 향상되며, 근로자에 대한 교육이나 근로자 스스로의 자기계발을 통해서도 올라간다. 또한 연구개발이나 기술의 진보 그리고 사회조직과 제도의 정비를 통해서도 높일 수 있다.

이러한 요인들에 의해 노동생산성이 증가하면 같은 양의 원재료와 노동력을 투입하고도 더 많은 재화와 서비스를 얻을 수 있다. 즉, 노동생산성의 증가는 경제성장으로 이어지기 때문에, 경제에서 생산성은 매우 중요한 요소라 할 수 있다.

투자가 어떻게 생산성을 높일 수 있을까?

경제 활성화의 중요 요소인 생산성을 높이기 위해서는 투자가 필요한데, 기업이 공장을 짓고, 기계를 구입하고, 제품을 개발하기 위해 연구개발비를 들이는 것을 '투자'라고 한다. 즉, 앞날의 이익을 위해 돈을 지출하는 것이다.

우선 공장과 같은 건물이나 기계 설비 등과 같은 자본재가 증가하면 생산성은 올라간다. 이는 소와 쟁기로 농사를 짓다가 트랙터를 이용하게 되면 농부의 노동생산성이 올라가는 것과 같은 이치다. 이 밖에도 개별 기업이 아닌 국가나 지방정부가 추진하는 도로나 항만, 철도 등과 같은 국민경제 발전의 기초가 되는 사회간접자본에 대한 투자도 생산성을 향상시킨다.

한편 눈에 보이는 재화 이외에 눈에 보이지 않는 재화에도 투자할 수 있다. 기업의 종업원에게 교육의 기회를 제공하는 것도 인적자원에 대한 일종의 투자다. 새로운 생산 방법이나 기술을 습득하게 함으로써 생산성을 높이고 품질의 향상을 꾀할 수 있기 때문이다. 현대 국가들이 이러한 교육에 힘을 쏟는 것도 경제성장을 위해 인적자원에 투자하는 일종의 사회적 투자라 볼 수 있다. 국민들의 교육수준이 높아지고 과학기술이 발전할수록, 그만큼 경제의 생산성이 높아지기 때문이다. 새로운 과학기술을 기초로 한 생산기술이나 제품개발에 대한 투자는 새로운 산업을 개척하는 통로가 되기도 한다. 그리고 제품의 브랜드를 시장에 널리 알리기 위해 광고를 하는 것도 기업의 가치를 높이는 투자라 할 수 있다.

그런데 투자에 필요한 돈은 어디에서 나오는 걸까? 기업이 투자하는 돈은 기업이 직접 벌어서 얻은 이익을 제외하고는 은행에서 빌린 돈이거나 주식이나 채권을 발행해서 증권시장에서 조달해온 것이다. 그리고 은행이나 증권시장을 통해 기업이 조달한 돈은 결국 사람들이 은행이나 증권회사를 통해 저축하거나 투자한 것으로, 결국 돈이 돌고 도는 것이라 할 수 있다.

부동산 투기가 왜 문제일까?

앞날의 이익을 위해 돈을 지불하는 것이 투자인데, 사람들은 부동산에 투자해서 돈을 번 이들에 대해 대개는 좋지 않은 시선을 보낸다. 왜 그럴까?

부동산이란 말 그대로 움직일 수 없는 재산, 즉 토지나 아파트 등의 건물을 일컫는다. 흔히 말하는 부동산 투기란, 값이 쌀 때 부동산을 사두었다가 값이 오르면 팔아서 매매차익을 얻는 것이다. 물론 실제로 거주하기 위해 아파트를 사고, 농사를 짓거나 공장을 세우기 위해 땅을 구입한 경우라면 정당한 투자라고 할 수 있다. 즉, 투기가 투자와 다른 점은 비생산적이라는 것이다.

돈을 예금하거나 주식에 투자하면 이 돈이 다시 여러 형태로 생산에 투자되어 경제 발전에 유용하게 쓰인다. 그리고 그 기여의 대가로 이자나 수익금이 돌아오게 된다. 그런데 차익을 목적으로 산 부동산 가격이 오르는 것은 어디에 기여해서가 아니다. 대부분 공적인 투자에 의해 교통이 좋아지다든지 도시나 공단이 개발됨으로써 가격이 오르는 것이다. 그래서 사두고만 있으면 경제적으로 아무런 기여도 하지 않은 채 돈을 벌게 된다.

부동산 투기 중에서도 특히 문제가 되는 것이 아파트 가격인데, 2000년 대 들어 서울의 강남 지역과 일부 신도시의 아파트 가격이 두 배에서 네다 섯 배까지 올랐다. 그에 따라 서민들의 내 집 마련의 꿈은 자꾸 멀어지게 되고, 반대로 집을 여러 채 가지고 있는 사람들은 가만히 앉아서 막대한 이 득을 보고 있다. 2005년 8월, 행정자치부의 다주택 보유자 조사에 따르면 17만 5,000가구가 집을 세 채 이상 가지고 있으며, 두 채 이상 가지고 있는 가구도 72만 가구에 달한다고 한다.

또한 좀처럼 가라앉지 않는 부동산 투기 열풍으로 인해 우리나라의 토지 소유는 충격적일 정도로 편중되어 있다. 2005년도 행정자치부의 조사에 따르면, 인구의 28.7퍼센트인 1,397만 명이 땅을 조금이라도 가지고 있다 고 한다. 그런데 이중 1퍼센트인 13만 9,000명이 전체 개인소유 토지의 31 퍼센트를, 상위 5퍼센트가 59퍼센트를, 상위 10퍼센트가 73퍼센트의 면 적을 차지하고 있다. 즉, 엄청나게 많은 돈이 생산활동에 투자되지 못하고 언젠가 오를 땅값을 위해 묶여 있는 셈이다.

토지의 소유가 편중되어 있는 것도 문제지만 투기 과정에서 지나치게 뛰 어오른 땅값 또한 문제가 된다. 토지는 국토가 확대되지 않는 이상 한정될 수밖에 없어서, 다른 상품처럼 수요가 는다고 해서 마음대로 공급을 늘릴 수 있는 재화가 아니기 때문에 가격이 오를 수밖에 없다. 또한 지나치게 오 른 땅값은 공장이나 신도시를 건설하는 등 실제 경제활동을 할 때 많은 투자비를 요구한다. 즉, 모든 재화와 서비스의 생산비가 오르게 되는 것이다.

물론 부동산 가격도 본질적으로는 시장원리의 지배를 받는다. 그런데 우리나라의 부동산 가격이 많이 오른 것은 전례 없이 빠른 경제성장 과정에서 주택과 공장, 그리고 업무용 건물 등의 부동산 수요가 급증했으나 국토가 한정되어 있어 공급이 수요를 따르지 못했기 때문이다. 그리고 이러한 시장 상황에 편승해서 투기꾼들이 투명하지 못한 조세제도와 허술한 법규의 틈을 파고들어 가수요를 부추겼다.

> 당장은 필요 없지만 일어나는 수요를 '가수요'라고 한다.

시장의 원리에 따라 사고파는 것이므로 그로 인한 이득에 대해 엄격한 세금을 부과해야 하지만, 세금을 거둔다는 것이 말처럼 쉽지만은 않다. 그래서 우리나라의 부동산 시장은 가장 수익성도 높고 세금 부담도 적은 투자 대상으로 손꼽히게 되었다.

저축은 경제에 어떤 영향을 미칠까?

　사람들은 보통 비상시를 대비하거나 안락한 생활을 꿈꾸며 저축을 하는데, 이는 개인적 측면에서 본 저축의 역할이라 할 수 있다. 그런데 앞에서 살펴보았듯이 개인의 저축이 늘면 기업이 투자에 필요한 돈을 더 많이 얻을 수 있기 때문에, 경제 전체의 관점에서 봤을 때도 저축은 미덕이 된다. 개개인의 저축은 순전히 개인적인 동기에서 비롯된 것이고 기업의 투자도 좀더 많은 이윤을 추구하기 위해서이지만, 각각 다른 동기에서 비롯된 이 두 가지가 조화롭게 이루어져야 경제가 원활히 움직이게 된다.

　그런데 저축이 항상 미덕이기만 한 걸까? 경기가 심하게 좋지 않을 때는 저축이 악덕이 되기도 한다. 불황기에는 상품에 대한 소비가 어느 정도 필요한데 너도나도 허리띠를 졸라매서 소비를 줄이면, 어떤 장사도 잘될 수가 없다. 소비가 늘어야 기업은 판매를 늘릴 수 있고, 판매가 늘어야 고용도 유지되고 투자도 할 수 있는데, 여기에 문제가 생기는 것이다.

그런데 거꾸로 경기가 좋을 때는 어떻게 하는 것이 합리적일까? 우선 저축을 늘리는 것이 좋다. 소득이 늘어도 그만큼 저축이 늘어나면, 지나치게 수요가 증대되어 물가가 뛰어오르고, 그에 따라 근로자들이 임금인상을 요구하는 결과를 초래하지 않아도 된다.

하지만 사람들이 이렇게 움직여주기를 바라는 것은 그야말로 국민경제라는 관점에서 보는 달콤한 꿈에 지나지 않는다. 실제로 사람들은 경기가 좋지 않을 때는 저축을 늘리려 하고, 경기가 좋을 때는 씀씀이가 커지게 된다. 각자 처한 입장에 따라 저축과 투자의 동기와 성향이 다르기 때문이다.

그렇기 때문에 국가의 재정지출은 사람들의 저축 성향과는 다르게 움직인다. 즉, 경기가 좋을 때는 지출을 줄이고, 경기가 나빠서 경제가 바닥에 있을 때는 적절하게 지출을 늘려 경제가 원활하게 돌아갈 수 있도록 한다.

물가상승률이 말하고 있는 것은 무엇일까?

    텔레비전의 저녁 뉴스나 신문기사를 통해 물가상승률이 발표되는 것을 볼 수 있다. '물가상승률'은 지갑 속의 돈의 가치가 어떻게 변했는지를 말해주는 지표로, '물가'란 한 상품의 가격이 아니라 여러 상품들의 가격을 하나로 묶어 평균을 낸 값을 말한다. 그리고 물가의 상승과 하락은 '물가지수'로 측정된다. 물가지수는 조사 대상 범위를 어떻게 정하느냐에 따라 여러 가지로 나뉠 수 있는데, 그 가운데 우리의 실생활과 밀접한 관련이 있는 것이 바로 소비자 물가지수다.

    '소비자 물가지수'는 쌀, 라면, 전기료, 연료비, 교통비, 집세, 영화관람료 등과 같이 소비자들의 일상생활과 밀접한 관련이 있는 약 500여 가지 재화와 서비스의 가격을 묶어서 이 상품들의 평균가격이 어떻게 변했는지를 숫자로 나타낸 것이다. 예를 들어 소비자 물가지수가 지난 1년 동안 10

퍼센트 상승했다면, 소비자들의 생활과 밀접한 관련이 있는 재화와 서비스의 가격이 평균 10퍼센트 오른 것이다. 만약 소득이 10퍼센트 이상 늘었다면 문제가 없겠지만, 소득은 그대로인데 물가만 올랐다면 지갑 속에 있는 돈의 가격이 10퍼센트 떨어진 셈이다.

이렇듯 물가가 올라 화폐의 구매력이 떨어지는 것을 '인플레이션'이라고 하는데, 이러한 지속적인 물가상승은 같은 상품을 사는 데 점점 더 많은 돈을 지불해야 한다는 것을 나타낸다. 즉, 돈의 가치가 떨어졌다는 것을 의미한다.

보통 경기가 좋아서 사람들의 소득이 늘어나면 이는 곧바로 씀씀이의 증가를 가져와 소비가 늘어난다. 이때 생산능력에 여유가 있다면 물가상승 없이 상품의 생산이 늘어나겠지만, 그렇지 못하면 공급부족 현상이 일어나 물가를 상승시킨다. 또 경제성장을 부추기기 위해 정부의 지출이 빠르게 늘어날 경우에도 생산능력이 미처 따라주지 못하면 물가가 올라간다. 이러한 현상은 대개 경제성장 속도가 빠른 개발도상국에서 흔히 나타난다. 그 밖에도 전쟁이 일어나 상품이 귀해지고 정부가 대규모 토목공사를 벌여 한꺼번에 돈을 유통시키면 물가가 상승하게 된다.

주로 수요가 공급보다 많아지면 인플레이션이 발생하는데, 외국에서 수입하는 상품이나 원자재의 가격이 올라가면 생산비가 증가해 인플레이션이 발생할 수 있다. 특히 석유와 같은 수입 원자재의 가격이 올라가는 경우에는 물가도 함께 올라가면서 생산활동도 줄어 인플레이션과 실업이 동시에 발생한다. 이와 같이 생산비가 늘어서 인플레이션이 발생하게 되면 불황 속에서 물가도 오르게 되므로 이중의 고통을 겪게 되는데, 이러한 인플레이션을 '비용상승 인플레이션'이라고 한다.

물가가 완만하게 올라가면 경제활동에 자극제가 될 수도 있지만, 일반적으로 인플레이션은 경제에 여러 가지 해로운 영향을 끼친다. 인플레이션이 발생하면 월급이나 연금, 이자 같은 현금 수입에 의지해 사는 사람들의 구매력이 빠르게 떨어진다. 따라서 소비가 줄게 되고 기업의 상품판매 또한 줄어들게 된다. 판매가 줄면 기업은 생산을 줄여야 하므로 고용이 감소되고, 결국 소비와 판매, 생산이 모두 줄어들어 경제를 어렵게 만든다.

인플레이션이 빠르게 진행되면 화폐 단위를 바꾸어야 하는 경우가 생길 수도 있다. 1920년대 독일에서는 제1차 세계대전 보상금으로 인한 막대한 대외부채를 갚기 위해 돈을 마구 찍어댔다. 그 결과 독일에서는 화폐의 가치가 나날이 떨어져 한때 1조 마르크가 1마르크의 가치로 추락하기도 했다.

수출과 수입은 경제에서 어떤 역할을 하는 걸까?

우리나라의 경제 상황에 대해 이야기할 때면 항상 높은 수출 의존도, 수입의 감소나 증가, 세계경제나 미국의 경기라는 말이 함께 언급된다. 그런데 우리나라의 경제는 실제로 외국 시장과 어떤 관계가 있는 걸까?

이 책의 처음으로 돌아가 오늘 아침 우리를 침대 밖으로 끌어낸 자명종 시계를 다시 떠올려보자. 그러니까 매일 우리를 고문하는 그 도구는 앞에서 살펴본 대로 대만에서 생산되어 수입된 것이다. 또 학교 앞 문구점에서 판매하는 펜을 보면 국산품과 수입품의 수가 거의 비슷할 정도로 세계 각국의 학용품이 수입되어 팔리고 있다. 심지어는 김치 종주국이면서도 김치의 수출량보다 수입량이 더 많다고 한다.

물론 우리나라 기업에서 만든 제품들 또한 세계 각국에서 판매되고 있다. 이를테면 자동차나 반도체, 휴대전화, 그리고 텔레비전 같은 가전제품,

거대한 화물선, 각종 기계 등이 외국으로 판매되고 있다.

국내시장에서의 재화와 서비스의 교환이 서로에게 이익이 되기 때문에 일어나는 것과 마찬가지로 국가 간의 무역도 서로 이익이 되기 때문에 일어난다. 자동차나 반도체를 수출하고 원유나 목재를 수입함으로써 소비자들은 국내에서 생산되지 않는 것을 소비할 수 있고, 국내에서 생산되는 것일지라도 좀더 싸게 구입할 수 있다. 자동차나 반도체를 생산하는 기업도 국내시장뿐만 아니라 무역을 통해 세계시장에 판매할 수 있기 때문에 세계적인 기업으로 성장할 수 있는 것이다.

우리 경제는 주로 외국에서 원재료나 반제품을 수입하여 완제품으로 가공하고, 이를 다시 수출하는 방식으로 성장해왔다. 따라서 우리 일자리의 많은 부분이 수출에 의존하고 있다. 우리나라의 2006년도 수출액은 3,254억 달러, 수입액은 3,091억 달러로 세계에서 열두 번째로 큰 무역국가이다. 흔히 수출액과 수입액을 합한 금액을 GDP로 나눈 값을 '무역의존도'라고 하는데, 미국이나 일본이 20퍼센트 정도인 데 비해서 우리나라의 무역의존도는 70퍼센트에 이른다. 즉, 국제무역을 빼고는 경제를 이야기할 수 없는 셈이다.

이렇게 무역의존도가 높은 만큼 우리 경제는 늘 수출 상대국이나 세계경제의 경기 변화에 민감할 수밖에 없다. 예컨대 주요 수출 상대국인 미국의 경기가 좋으면 우리 상품에 대한 수요도 증가한다. 그렇게 되면 기업들도 생산을 늘려 더 많은 이익을 내고 종업원도 더 고용할 수 있다. 반대로 미국 사람들이 상품을 적게 구입하면 우리 기업들의 생산도 축소된다.

그런데 우리가 짚고 넘어가야 할 것은 수출이 잘되어 나라 경제가 잘 돌아간다고 해서 모든 국민들에게 그 이익이 돌아오는 것은 아니라는 것이다. 수출이 잘되기 위해서는 상대국의 물건도 사주어야 한다. 예컨대 쌀 시장을 개방해서 값싼 외국쌀도 들여와야 하고, 포도나 바나나 같은 과일도 들여와야 한다. 그러면 값싼 농산물과 경쟁해야 하는 우리 농민들은 그만큼 손해를 보게 된다. 무역자유화가 나라 전체에 이익을 줄 수 있을지 모르지만 이에 대한 반대 의견이 적지 않은 것은 무역이 어떤 사람들에게는 오히려 손해를 끼치기 때문이다. 그러므로 무역의 이익이 국민 전체에게 골고루 돌아갈 수 있는 방법이 마련되어야 한다.

환율은 수출과 수입에 어떤 영향을 주는 걸까?

외국과 무역을 하거나 해외여행을 하려면 우리 돈을 상대국의 돈이나 보편적으로 사용하는 미국의 달러로 바꾸어 사용해야 한다. '환율'이란 바로 우리 돈과 외국 돈의 교환비율 또는 우리 돈으로 사는 외국 돈의 가격이다.

해외여행을 하기 위해 우리는 여행하려고 하는 나라의 돈이나 달러로 바꾼다. 그런데 여행지에서 쓰고 남은 돈을 다시 우리 돈으로 바꿀 때는 그 비율이 달라져 있다. 예컨대 1달러에 900원이던 것이 1달러에 1,000원이 되면 환율이 올랐다고 하고, 1,000원이던 것이 900원이 되면 환율이 떨어졌다고 한다. 즉, 환율이 올라가면 우리 돈의 가치가 떨어지고 달러의 가치가 올라간 것이고, 환율이 내려가면 그 반대가 된다.

이러한 환율의 변화는 수출과 수입에 많은 영향을 미친다. 예를 들어 우리나라에서 미국으로 수출하는 자동차 한 대의 가격이 1,000만 원이라고 하자. 미국 달러화와 원화의 환율이 1대 1,000이면 그 자동차의 미국 가격은 1만 달러이다. 그런데 원화의 가치가 10퍼센트 떨어지면, 즉 환율이 1달러에 1,100원으로 상승하면 수출한 자동차의 가격은 같은 1만 달러라도 우리 돈으로 1,100만 원이 된다. 그러면 자동차회사는 가격을 종전대로 유지하면서 100만 원의 추가 이익을 얻을 수도 있고, 자동차 가격을 1만 달러 이하로 내려서 더 많은 자동차를 팔 수도 있다.

하지만 환율이 1달러에 900원으로 하락하면 자동차회사에는 문제가 생긴다. 자동차회사는 같은 1만 달러에 자동차를 팔더라도 우리 돈으로 900만 원밖에 되지 않기 때문에 자동차 판매가격을 1만 1,000달러로 올리면서 자동차가 덜 팔릴 위험을 감수하든지, 아니면 가격을 계속 1만 달러로 유지하면서 추가비용을 부담하는 수밖에 없다.

이처럼 환율이 늘 변하는 것은 상품의 가격이 시장에서의 수요와 공급에 따라 변하듯이 환율도 외환시장에서 외국돈, 즉 달러의 수요 와 공급에 따라 결정되기 때문이다. 그런데 수출이 늘고 수입이 준다고 해서 긍정적인 효과만 있는 것은 아니다. 환율이 오르면 수입하는 원유나 원자재의 가격이 오르기 때문에 이를 활용해 상품을 만들어 수출하는 기업에게는 부담이 되고, 국내 물가가 오르기도 한다. 또한 외국에서 빌린 돈의 이자나 원금을 갚는 데 부담이 늘어난다.

반대로 환율이 떨어지면 수출이 잘 안 되므로 달러의 공급은 줄어들지만 수입 상품의 가격이 낮아지기 때문에 수입이 늘고, 달러의 수요는 늘어난다. 그리고 원자재를 수입하는 분야에서는 이익을 얻게 된다.

세금을 걷는 이유는 무엇일까?

중앙정부나 지방자치단체는 많은 의무를 지고 있다. 국방, 치안, 교육, 재해예방, 원활한 교통, 쾌적한 생활환경, 환경오염 방지, 재빠른 민원서비스, 실업 구제, 저소득층의 생계 지원 등등. 국민들이 원하는 공공서비스에는 끝이 없다.

국가는 이 모든 일에 들어가는 돈을 얻기 위해 세금을 걷는다. 소득이 있는 사람 모두에게 국가는 소득의 일정 부분을 세금으로 징수하는데, 이는 회사나 자영업자, 직장인, 자산소득자 모두에게 해당된다. 물론 소득이 아주 적을 경우에는 소득에 대한 세금이 면제되기도 하지만, 소득세는 국가수입에서 대단히 큰 비중을 차지한다. 그런데 소득이 적은 사람도 무조건 내야 하는, 각종 상품과 서비스에 부과되는 세금도 많이 있다.

배당금이나 이자, 건물이나 토지의 임대료 등을 '자산소득'이라고 한다.

정부의 수입은 이러한 조세 이외에도 공기업의 이익금, 각종 벌과금과 수수료 등으로 구성된다. 세금으로 거둔 수입으로 지출을 다 감당하지 못하는 경우에는 채권을 발행하여 민간으로부터 돈을 빌리기도 한다. 2006년에 정부는 국세로만 138조 443억 원을 걷었다. 그런데도 필요한 지출을 감당하지 못해 약 7조 9,000억 원의 국채를 발행했다. 정부가 수입보다 지출이 많아 부채를 지는 것이다.

한편 세금을 부담하는 것과 관련해서는 늘 공평성이 문제가 된다. 국가가 제공하는 서비스의 혜택을 많이 받는 사람이 세금을 더 많이 내야 한다는 주장이 있는가 하면, 다른 한편에서는 세금을 낼 수 있는 경제적 능력이 있는 사람이 더 많이 내야 한다고 주장하고 있다. 하지만 세금이 가장 많이 쓰이는 경제개발, 국방, 치안, 교육 등과 같은 분야는 누가 혜택을 더 받고 덜 받는지 판단하기가 어렵다. 따라서 대부분의 나라에서는 대체로 부담 능력이 있는 사람이 더 많이 내야 한다는 주장을 받아들이고 있다.

어떤 종류의 세금이 있을까?

우리가 마시는 음료수 한 병에 이르기까지 국가는 늘 자기 몫을 거둬간다. 사실 직장인, 기업가, 주택소유자, 운전자 할 것 없이 누구나 알게 모르게 국고를 채우는 데 일조하고 있다.

세금의 종류에는 여러 가지가 있는데, 보통 직접세와 간접세로 구분한다. 소득세의 경우에는 세금을 납부하는 사람과 부담하는 사람이 같은데, 이러한 세금을 '직접세'라고 한다. 반면 부가가치세는 물건을 판매한 사람이 납부하지만 실제로는 물건을 산 사람이 부담하는데, 이러한 세금을 '간접세'라고 한다.

직접세는 세금을 부담하는 사람이 바로 드러나기 때문에 소득이 많은지 적은지에 따라 세금의 비율을 조절할 수 있지만, 간접세는 부자인지 가난한 사람인지 구분하지 않기 때문에 부담률을 조절할 수가 없다. 그렇기 때문에 소득에 따라 내는 직접세는 공평하고, 능력과 상관없이 내야 하는 간접세는 불공평한 세금이라는 견해도 있다.

보통 사람들이 생활에서 가장 직접적으로 부딪히는 세금은 월급과 같은 소득에서 떼어가는 소득세다. 일부 고소득 자영업자들의 경우 소득을 정확히 파악하는 데 어려움이 있기 때문에 세금을 적게 내는 경우도 발생하는데, 월급을 받는 사람들은 미리 세금을 뗀 금액을 월급으로 받기 때문에 세금 문제에 늘 민감할 수밖에 없다. 한편 기업들도 매년 이익금의 일정 비율을 법인의 소득에 부과하는 법인세로 내야 한다.

우리나라는 현재 직접세의 비중이 간접세보다 약간 높긴 하지만, 세금 항목만을 기준으로 할 경우에는 간접세인 부가가치세가 국가의 가장 큰 수입이라 할 수 있다. 부가가치세는 보통 10퍼센트이지만 식료품, 서적, 신문, 잡지 등과 같은 일부 업종은 세금을 면제해주기도 한다.

특별히 더 높은 세금이 붙는 경우도 있다. 예를 들어 주유소에서 휘발유나 경유를 넣으면 고율의 교통세가 부과된다. 이는 도로나 철도와 같은 교통시설을 건설하기 위해서이지만, 휘발유와 경유의 사용을 억제하기 위해서이기도 하다. 또 담배나 술과 같은 상품에 붙는 각종 세금과 부담금은 상품 가격의 50퍼센트가 넘기도 한다.

부와 가난, 어떻게 판단할 수 있을까?

몇 억대의 연봉을 받는 대기업의 임원이나 연예계 스타, 몇몇 프로 운동 선수들을 부자라고 하는 것에 대해 대부분의 사람들이 이의를 달지 않을 것이다. 하지만 세상에는 이러한 부자의 범주에 속하지 않는 사람들이 더 많이 있고, 실제로 가진 재산과 상관없이 늘 자신이 가난하다고 느끼는 사람들도 많이 있다.

통계청의 발표에 따르면, 2006년도에는 소득이 높은 상위 20퍼센트 가구의 월 평균 소득이 634만 원으로 소득이 낮은 하위 20퍼센트 가구의 83만 원보다 7.64배 많았다.

이 밖에도 소득 분배의 불평등 정도를 보여주는 수치로는 '지니계수'가 있다. 지니계수는 0과 1 사이의 값으로 표시되는데, 0에 가까울수록 소득 분배의 불평등 정도가 낮다는 것을 의미하고, 1에 가까울수록 불평등 정도가 높다는 것을 의미한다. 우리나라의 지니계수는 1995년에는 0.284로 양호한 수준이었다가 1999년 0.32로 껑충 뛰었다. 이후 2002년 0.312로 다소 떨어졌다가 이듬해인 2003년에는 0.316으로 다시 높아졌고, 2004년과 2005년에는 0.31 정도를 유지했다. 이를 보면 소득의 불평등이 1997년 외환위기를 겪고 나서 심해지고 있음을 알 수 있다.

유엔이 발표한 '2005년 인간개발보고서'에 따르면 우리나라의 지니계수는 일반적으로 선진국이라고 하는 경제협력개발기구 회원국 중에서도 중간 정도에 자리 잡고 있다. 덴마크(0.24)와 일본(0.24), 벨기에(0.25), 스웨덴(0.25) 등이 낮은 편에 속하고, 홍콩(0.43)과 싱가포르(0.42), 미국(0.40)과 영국(0.36), 뉴질랜드(0.36), 캐나다(0.33) 등은 우리나라보다 지니계수가 높은 편에 속한다.

그런데도 소득의 불평등을 심하게 느끼는 이유는 이 수치만으로는 알 수 없는 것들이 있기 때문이다. 지니계수는 분배 소득에 대해서만 조사할 뿐 보유재산의 불평등 정도는 나타내지 않는다. 따라서 부동산이나 금융자산 등의 소유에 따른 불평등 정도를 드러내는 데 한계가 있다. 소득의 불평등 정도가 심해진 2000년대에 들어 우리나라의 부동산 가격은 엄청나게 상승했고, 실제로 그 부동산들은 소수의 사람들에게 집중되어 있다.

빈부격차, 어떻게 하면 줄일 수 있을까?

　아무래도 부자들은 점점 더 부자가 될 가능성이 높다. 돈이 더 많은 돈을 벌 수 있는 기회를 가져다주기 때문이다. 그런 만큼 가난한 사람들은 상대적으로 자신이 더 가난하다고 느낀다. 그런데 우리나라에서 가난한 사람들은 부자들에 비해 상대적으로 가난한 정도가 아니다.

　2007년을 기준으로 했을 때 우리나라에는 소득이 최저생계비(4인 가족 기준 월 120만 원)에도 못 미쳐 국가로부터 기초생계비를 지원받는 사람이 181만 명이나 있다. 소득이 최저생계비의 120퍼센트에 못 미쳐 언제라도 최저생계비 이하로 소득이 감소할 수 있는 사람까지 포함하면 716만 명에 달한다. 가구별 소득 기준에 따르면 가구의 거의 20퍼센트가 어떤 형태로든 국가의 지원을 받아야 한다.

　이러한 사람들을 지원하기 위해서는 돈이 필요하다. 그리고 국가는 돈을 모으기 위해 세금을 걷는다. 그런데 정치가들은 선거 때마다 이러한 재정적 지원을 늘려주겠다고 하면서도 한편으로는 세금도 깎겠다고 주장한다. 그들은 대체 그 돈을 어떻게 마련할 생각인 것일까?

그래서인지 소득이 높고 재산이 많은 사람들에게 좀더 많은 세금을 부과해야 한다는 주장이 제기되기도 한다. 이는 세계 여러 나라에서 이미 실시하고 있는 방법인데, 우리나라도 소득이 높은 사람들의 소득세 최고 세율이 35퍼센트에 달한다. 그런데 사실 그것을 실제 세율이라 보기는 어렵다. 각종 세액 공제 때문에

최고가를 자랑하는 초고층 주상복합아파트와 허름한 무허가 판자촌이 우리 사회의 극심한 빈부격차를 보여주고 있다.

실제 세율은 그보다 훨씬 낮기 때문이다. 또한 부동산에 대한 세제를 강화하는 정책을 쓰고 있지만, 세법은 부자들이 조세부담을 줄일 수 있는 여러 가지 방법을 허용하고 있다.

결국 중요한 것은 법률적으로 걷을 수 있는 세금부터 제대로 걷어야 한다는 것인데, 이것이 쉽지만은 않은 것이 현실이다.

정부가 빚을 지면 어떻게 될까?

우리 사회에서 자주 듣게 되는 말이 이른바 재정적자, 국가부채 등과 같은 말이다. 이는 1997년 외환위기 이후 더욱 두드러진 현상으로, 이를 통해 국가가 거둬들이는 돈보다 더 많은 돈을 지출하고 있다는 것을 알 수 있다.

개인이나 기업과 마찬가지로 정부도 수입보다 지출이 많으면 빚을 질 수밖에 없다. 정부는 주로 은행과 투자자들에게서 돈을 빌리는데, 이들이 국가가 발행한 채권을 구입하면 국가는 대부분 이자를 붙여서 이 채권에 대한 금액을 갚는다.

그런데 정부는 왜 거둬들인 수입보다 더 많은 지출을 하게 되는 걸까? 만일 경제가 침체기에 접어들어 생산이 위축되고 일자리가 줄어들면 정부는 지출을 늘려서라도 일자리를 더 만들기 위해 노력해야 한다. 이때 세금을 바로 올릴 수는 없기 때문에 정부는 빚을 내는 방법을 취한다. 이 돈을

가지고 정부는 도로나 항만 등과 같은 사회간접자본을 확충하는 데 투자하
거나 철강이나 정유 등과 같은 대규모 기간산업에 융자를 해 | 한 나라 산업의 기초가 되는 산
업을 '기간산업'이라고 한다.
주기도 한다.

　이러한 적자재정정책을 통해 정부가 각종 투자를 진행하게 되면 노동력
에 대한 수요가 늘고, 노동력의 수요는 소득의 증가로 연결되어 상품에 대
한 구매력도 증가한다. 구매력이 증가하면 공장이 가동되고, 이러한 효과
는 다른 경제 분야로까지 확산된다. 게다가 사회간접자본이나 기간산업에
대한 투자는 장기적인 경제 발전의 토대가 된다.

　한편 우리나라는 1997년 외환위기 이후 국가채무가 빠르게 늘고 있다.
해마다 수입과 지출의 차이를 메우기 위해 새로운 채권이 발행되고, 이전
에 진 빚에 대한 이자지불액도 늘어나고 있다. 2006년을 기준으로 했을 때
우리나라의 국가부채는 283조 원에 이르는데, 이는 GDP 대비 33.2퍼센
트에 달한다. 이렇듯 국가채무가 늘어난 이유는 외환위기 당시 부실화된
기업과 금융기관을 정상화하기 위해 들어간 돈이 국채로 전환된 데다
2000년대 들어 경제불황이 오래 지속되었기 때문이다. 현재까지는 주요
선진국에 비해, 또 국제기준에 비해 국가채무의 비율이 낮다고는 하지만,
빚으로 유지하는 생활은 국가에 매우 위험하다. 개인채무자들처럼 국가도
돈을 빌렸으면 원금에 이자까지 얹어서 갚아야 하기 때문이다.

　한 나라의 국민경제가 부담할 수 있는 국가채무의 능력은 경제성장률이
높아질수록 커진다. 경제성장률이 이자율보다 높으면 국가채무가 늘어도
문제가 되지 않지만, 이자율보다 낮으면 또 다른 빚을 부르게 된다. 따라서
정부는 부채가 지나칠 정도로 늘어나지 않도록 주의해야 한다.

국가가 부채를 지게 되면 이에 대한 부담은 고스란히 세금을 내는 국민들의 몫이 된다. 그런데 한 가지 알아두어야 할 것은 나라의 부채가 곧 국민이 외국에 갚아야 할 돈은 아니라는 것이다. 국가가 부채를 진다는 것은 채권을 발행해서 금융기관이나 일반투자자들에게 판매한다는 뜻이고, 결국 그 원금과 이자를 돌려받을 대상도 국내의 금융기관과 투자자들인 것이다.

우리나라의 경우 1997년의 외환위기를 가져온 것은 정확하게 말하면 정부재정의 부채가 아니었다. 기업과 금융기관이 외국으로부터 얻어 쓴 부채를 갚지 못하게 되자 우리 경제에 대한 국제적 신뢰가 무너졌고, 그에 따라 우리 돈의 가치가 폭락하면서 외환위기가 닥친 것이었다. 정부가 나서서 국제통화기금(IMF)으로부터 구제금융을 받은 것은 민간기업 스스로가 이러한 상황을 해결할 수 없었기 때문이다.

국가도 파산할 수 있을까?

　어떤 기업이나 개인이 파산할 경우 기업 경영진이나 개인은 법원에 파산 신청을 해야 한다. 그런데 빚을 과도하게 진 데다가 최악의 경제 상황에 놓인 국가의 경우라면 어떻게 될까? 국가도 파산을 선포해야 할까?

　국가의 경우에는 공식적인 파산 절차는 없다. 그리고 부채로 인해 심각한 경제위기가 발생했을 때에는 세계 각국에서 돈을 내 운영하는 국제금융기구인 국제통화기금의 도움을 얻을 수 있다. 국제통화기금은 회원국이 재정적인 위기에 빠져 은행들도 돈을 빌려주지 않을 정도의 어려움을 겪고 있을 때 돈을 빌려주어 당장의 위기를 면하게 해준다. 대신 그 나라의 경제정책을 통제하여 경제를 정상화시키고, 빌려준 돈에 대해 이자를 얹어 회수한다.

　1990년대 후반에 우리나라와 말레이시아, 태국 등이 외국에 지불할 외환이 바닥나는 금융위기로 인해 국제통화기금의 구제금융을 받아 경제위기를 넘긴 경우가 바로 이에 해당된다.

우리나라는 지난 1997년 초 대기업들의 부도가 이어지고 무역적자가 늘어나면서, 우리 경제에 대한 외국인들의 신뢰가 떨어지기 시작했다. 외국인의 투자가 줄고 자본마저 회수되자 환율이 급등하고 주가가 폭락했으며, 기업과 금융기관들은 파산하기에 이르렀다. 결국 보유하고 있던 외화마저 바닥이 나서 지급불능의 지경에까지 이르게 되자, 우리 정부는 1997년 11월에 국제통화기금에 구제금융을 요청하게 되었다.

국제통화기금은 필요한 자금을 지원해주는 대신 여러 가지 경제제도를 국제 기준에 맞게 고칠 것을 요구했다. 좀더 쉽게 근로자를 해고할 수 있도록 할 것, 기업의 부채 비율을 낮출 것, 기업의 경영을 투명하게 알릴 것, 부실기업을 지원하지 말 것, 환율은 자유변동환율제도에 맡길 것 등이 국제통화기금이 요구한 주요 내용들이다.

우리 정부는 이러한 국제통화기금의 요구를 받아들였고, 1998년에 본격적인 실업과 불황이 시작되었다. 엄격한 긴축정책에 따라 절박하게 필요하지 않은 국가지출은 모두 삭감되었고, 이자율이 급등했으며, 위기에 처한 은행과 기업들은 문을 닫거나 구조조정을 해야만 했다. 실업률이 엄청나게 증가했고, 국가의 지원을 받지 못한 많은 사람들의 생계가 벼랑 끝으로 내몰리게 되었다. 이른바 선진국 클럽이라고 불리는 경제협력개발기구에 가입해 선진국 반열에 올랐다고 좋아한 지 꼭 1년 만이었다.

이렇듯 외환위기 직후 우리나라는 경제 규모가 무려 7퍼센트 가까이 줄어드는, 곧 경제성장률이 마이너스를 기록하는 불황을 겪어야 했다. 그러나 이듬해와 그 이듬해의 경제성장률이 9퍼센트 전후 수준으로 뛰어올라

불황은 곧 끝나는 듯이 보이기도 했다. 그런데 2000년대 들어 세계경제가 본격적인 침체기로 접어들자 수출이 부진해지면서 성장률은 다시 3퍼센트 대로 떨어진 채 오랫동안 불황에 허덕여야 했다.

경제위기와 이를 극복하는 과정에서 국민 모두가 받은 상처는 매우 깊었다. 가장 큰 문제는 빈부격차가 심화된 것이었다. 실업자가 늘었고, 이후 고용이 일부 늘게 되더라도 비정규 임시직 위주여서 중산층의 비율이 줄어들었으며, 최저생계비 이하의 소득을 올리는 계층이 빠르게 늘어났다.

어떻게 하면 이 세상의 부를 좀더 평등하게 나눌 수 있을까?

세계 인구의 20퍼센트에 해당하는 12억 명 이상이 하루 1달러 미만의 소득으로 생계를 이어가는 절대빈곤층이며, 인구의 절반인 30억 명이 하루 2달러 미만으로 살아가고 있다고 한다. 그런데 인구의 15퍼센트가 살고 있는 부유한 선진공업국들이 세계 소득의 80퍼센트를 주무르고 있다.

2005년 9월 유엔특별정상회의에서 각국 정상들은 지구촌의 빈곤율을 2015년까지 절반으로 줄이자고 합의했다. 이에 따라 선진국들은 각국의 정부가 빈곤국과 개발도상국가에 제공하는 대외원조를 2004년 기준 국민총소득 대비 0.25퍼센트에서 2006년 0.3퍼센트, 2010년 0.36퍼센트까지 확대하기로 했다. 그리고 유럽연합은 2015년까지 정부 차원의 원조 규모를 유엔의 권고 기준인 국민총소득 대비 0.7퍼센트까지 끌어올린다는 계획을 제시하고 있다.

저개발국가의 빈곤문제는 어제오늘의 일이 아닌데도 2000년대에 들어서야 이러한 문제가 국제사회의 중요한 이슈로 부각되었다. 이는 선진국이 주도하는 세계화가 지구촌의 빈익빈 부익부를 더욱 심화시켰다는 비판이 거세졌기 때문이다. 또한 빈곤국과 개발도상국이 경제적으로 함께 성장해야 국제무역도 더욱 활성화될 수 있다는 현실적인 필요성이 설득력을 얻고 있기 때문이다.

그런데 선진국들의 이러한 약속이 지켜질지는 두고보아야 할 문제다. 과거에도 선진국들은 제3세계 국가에 대한 지원을 위해 국가 예산의 7퍼센트를 지출한다는 협정을 맺었지만, 지원액이 약속했던 7퍼센트에 도달한 적은 한 번도 없었기 때문이다.

그렇다면 우리나라는 대외원조를 어느 정도나 하고 있을까? 사실 정부 차원의 대외원조 규모는 국민 1인당 8,000원 정도로 경제협력개발기구 회원국의 평균인 80달러의 10분의 1 정도이다. 또한 국민총소득의 0.083퍼센트에 불과하다. 이는 경제협력개발기구 회원국의 평균 0.25퍼센트에도 훨씬 못 미치는 수준이다. 하지만 이에 대한 국제사회의 요구가 날로 높아지고 있고, 또 국제외교를 위해서도 대외원조에 대한 필요성은 점차 커지고 있다.

갯벌과 간척지, 경제는 꼭 환경을 파괴해야 할까?

    산성비, 숲의 황폐화, 지구온난화, 기후재앙, 오존층 파괴 등 경제개발로 인한 환경오염은 이미 오래전부터 더 이상 변명하거나 은폐할 수 없는 현실이 되고 말았다. 그래서 환경보호와 경제개발은 늘 양립할 수 없는 것으로 여기곤 한다.

    우리는 새만금 간척사업을 통해 이에 대해 다시 한 번 생각해볼 수 있다. 공사를 시작하고 나서 16년 동안 개발과 보전 사이에서 실랑이가 계속돼온 새만금 간척사업이 대법원의 최종 판결로 계속 진행되고 있다. 그런데 새만금 간척사업으로 얻게 되는 것은 무엇일까? 여의도 면적의 140배에 이르는 땅이 생겨 해마다 14만 톤의 쌀을 생산할 수 있다. 하지만 이는 간척지의 염분이 다 빠지는 20년 후의 일이다. 그렇다면 잃는 것은 무엇일까? 당연히 새로 생긴 간척지만큼의 갯벌이 사라지게 된다. 그리고 방조제를 쌓기 위해 가까운 곳에 있는 많은 산을 파 없애야 한다. 그 넓은 갯벌의 생명체를 다 없애고 푸른 산들을 깎아서 얻게 되는 것이, 남아돌아서 문제인 쌀을 20년 후에야 생산하는 것이다.

그래서 한편에서는 땅을 다른 용도로 사용하면 어떨까 하는 의견도 나오고 있다. 그러나 다른 용도로 사용하기 위해서는 다시 엄청난 양의 흙을 어디선가 파다가 땅을 높이 다지고 메워야 한다. 결국 또 다른 자연파괴로 이어지는 것이다.

새만금 간척사업에 대한 판결의 요지는 사실 간단하다. 개발에 따른 피해, 즉 갯벌이 사라짐으로써 입게 될 생태계의 피해에 대한 확실한 증거가 없는 상황에서 이미 많은 돈이 들어간 사업을 중단할 수는 없다는 것이다. 되돌아가기에는 너무 멀리 왔다고 하면서 처음부터 그 결정이 올바른 것이었는지에 대해서는 입을 다문다.

결국 환경문제는 늘 그 피해를 입증할 만한 구체적인 증거가 없다는 이유로 개발이 정당화되는 것으로 마무리되곤 한다. 하지만 우리가 잊지 말아야 할 것은 예측할 수 없을 정도로 심각한 환경파괴를 수반하는 개발은 최대한 신중하게 판단해서 시작해야 한다는 것이다.

물질적인 편익만이 중요한 가치는 아니다. 물질의 풍요만큼 삶의 질 또한 중요시하게 되면서 자연환경의 가치는 점차 커지고 있다. 그에 따라 우리나라는 1970년대에 염색직물을 만들기 위해 썩혀버린 하천을 되살리기 위해 많은 돈을 들이고 있다. 그런데 이러한 노력으로 인해 작은 하천은 어느 정도 복원이 가능할지 모르지만 새만금처럼 드넓은 간척지는 복원이 거의 불가능하다.

2006년 전북 군산과 부안을 연결하는 새만금 방조제가 공사를 시작한 지 15년 만에 완공되었다. 세계에서 가장 긴 이 방조제로 바다를 막아 조성되는 간척지에 대해 '개발과 보전'이라는 입장에서 찬반논란이 계속되고 있다.

더욱이 간척지와 호수로 바뀐 갯벌 생태계와 방조제를 위해 파서 없애버린 수많은 야산들은 다음 세대에게는 지금보다 훨씬 더 큰 경제적 가치를 지닐 수 있다. 당장 급하거나 꼭 필요하다고 여겨지지도 않는 우리 세대의 욕구를 충족시키기 위해 후손들의 삶의 터전이기도 한 자연환경을 그처럼 유린할 권리는 없다. 그러므로 경제개발과 환경보호가 양립하기 위해서는 먼저 '지속 가능한 개발'이라는 개념이 전제되어야 한다. 즉, 현재의 욕구를 충족시키기 위한 개발이라 할지라도 다음 세대의 생존 여건을 훼손하지 않는 범위 내에서 이루어져야 한다는 것이다.

이러한 개념은 1992년 브라질의 리우데자네이루에서 개최된 '유엔환경개발회의'에서 세계 환경정책의 기본 규범으로 채택되었다. 이에 따라 기후변화 방지를 위한 온실가스 배출 규제 등이 요구되면서 각국의 환경규제는 날로 강화되고 있다. 이제는 기업들도 시장에서의 생존을 위해서는 대

환경을 파괴하는 대규모 경제개발을 추진하는 사람들에게는 환경보호가 아득히 먼 미래의 일일 뿐이지만, 환경을 지키려는 사람들에게는 지구상의 모든 생명체들이 함께 살아가기 위한 기본 조건이라 할 수 있다.

체원료의 개발 또는 원료의 절감을 위한 기술혁신, 예방적인 환경보호조치 등에 더 많은 관심을 기울여야 한다.

이미 1990년대 후반부터 유럽의 많은 나라들은 화석에너지, 즉 전기, 석유, 가스, 휘발유를 사용하는 모든 소비자들에게 환경세를 부과하고 있다. 이를 통해 각국은 대체연료의 개발을 지원하고 화석연료의 사용을 억제하고 있는데, 머지 않아 우리에게도 이런 날이 오게 될 것이다.

시장에 중국 제품이 넘치는 이유는?

　제3세계의 생산환경은 주로 값싼 노동력, 비교적 느슨한 환경규제, 공장 내에 적용되는 최소한의 안전규정 등으로 대표된다. 그리고 이러한 조건들은 이들 국가로 생산시설을 옮긴 주요 공업국의 많은 기업들에 이익을 극대화할 수 있는 기회를 제공한다. 우선 자국과 비교하여 임금이 10분의 1 이하인 데다 다른 물가도 그만큼 싸고, 또 공장 설립이나 고용정책 등에 대한 규제도 적기 때문이다. 이처럼 국민경제에서와 마찬가지로 나라 사이의 경제관계도 노동의 분업과 특화에 바탕을 두고 이루어진다.

　선진국이나 주요 공업국에 비해 경제발전이 뒤떨어진 많은 나라들은 이러한 조건을 이용하여 외국의 주요 제조 기업들을 끌어들여 경제발전을 꾀하는데, 대표적인 나라가 바로 중국이다. 그 결과 중국은 몇 년 사이에 이른바 '세계의 공장'으로까지 불리게 되었다. 중국이 미국과 일본을 제치고 우리나라의 제1의 교역상대국이 된 지는 이미 오래전이다. 그래서 우리 시장에서는 거의 모든 분야에 걸쳐 중국산 제품이 넘쳐나고 있다. 값싼 중국 제품 때문에 제조업이 무너져 일자리가 많이 사라지긴 했지만, 중국 제품은 그나마 오랜 불황을 견딜 수 있게 해주는 요인이 되기도 했다.

한편 서구보다 임금이 훨씬 싸면서도 영어로 소통이 가능한 인력이 많은 인도는 세계적인 소프트웨어 개발의 중심지가 되고 있다. 미국이나 유럽에 본사를 두고 인도에 지사를 둔 많은 기업들이 쉬지 않고 제품을 연구하고, 개발하고, 고안하고 있는데, 이는 제품의 도안과 같은 정보가 인터넷을 통해 전 세계로 전달되기 때문에 가능한 것이다. 인도에서 일과가 끝난 시간에 프랑스에서는 여전히 일이 진행되고 있고, 그 다음에는 뉴욕이나 캘리포니아에 있는 지사가 일을 넘겨받는다. 현대적인 원거리 통신 기술, 특히 인터넷은 시차와 지역을 뛰어넘어 업무를 진행할 수 있는 환경을 제공하고 있다.

세계가 한동네, 세계화란 무엇인가?

독일산 자동차, 대만산 컴퓨터, 한국산 휴대전화. 21세기의 상품시장은 완전히 전 세계적이다. 특히 유럽과 미국의 주요 기업들은 세계 곳곳에 자리를 잡고 상품을 생산하고 판매하며, 생산에 필요한 부품과 원료를 구매하기도 한다.

상품이 생산되는 지역과 국가 간의 경계는 날이 갈수록 그 의미가 퇴색되고 있다. 특히 세계무역기구(WTO)나 국가 간의 자유무역협정(FTA)을 통한 각종 무역장벽의 철폐는 세계시장을 대상으로 하는 상품생산의 발전에 결정적인 역할을 하고 있다. 그러나 세계화가 단지 상품의 생산과 유통에 있어서의 국제적인 분업과 협업만을 의미하는 것은 아니다.

오늘날의 세계는 상품만이 아니라 자본, 즉 돈조차도 이윤을 좇아 국경

'세계무역기구'는 국가 간의 무역과 통상에 따른 마찰과 분쟁을 조정하고 해결하기 위한 국제기구로, 교역 증진을 위한 관세 인하나 무역 관련 법률, 제도, 관행을 개선한다.

을 자유자재로 넘나드는 하나의 거대한 자본시장이다. 주식과 채권 그리고 각국의 통화가 전 세계적으로 매일 쉬지 않고 거래되고 있으며, 마우스를 한 번 클릭하는 것으로 몇 초 내에 엄청난 액수의 돈이 나라 사이를 오고간다. 실제로 각국의 증권거래소 간에는 매일 거의 1조 5,000억 달러의 돈이 오고가는데, 실제 무역 대금을 주고받는 데에는 사실 300억에서 400억 달러면 충분하기 때문에, 그 나머지 거래는 순수한 자본의 투자라 할 수 있다. 그리고 이처럼 막대한 금액을 투자하는 투자자들은 이를 통해 정치에 커다란 영향력을 행사하기도 한다. 그들이 어떤 나라나 지역에서 자본을 철수할 경우, 이는 곧바로 엄청난 경제위기로 이어질 수도 있기 때문이다.

이렇듯 오늘날의 세계는 매우 긴밀하게 연결되어 있다. 즉, 지구촌이 되어 있는 것이다. 그래서 한 대륙에서 경제위기가 발생하면 다른 대륙도 금세 그 영향을 받게 된다. 뿐만 아니라 전쟁이나 환경재앙도 지구 전체에 영향을 끼친다. 예를 들어 어떤 나라나 지역에서 발생한 조류독감이나 광우병은 수많은 교역량으로 인해 다른 대륙의 사람들까지 공포로 몰아넣게 된다.

유럽연합, 지역화란 무엇인가?

　1993년 유럽의 정치와 경제의 통합을 목표로 유럽연합(EU)이 성립되었고, 이어 1999년에는 '유로(EURO)'라는 단일 화폐가 탄생했다. 회원국 또한 처음에는 12개국으로 출범해서 2006년에는 25개국으로 늘어났다.

　유럽연합처럼 정치·경제적 단합을 위해 인접한 국가들이 연합하는 현상을 '지역화'라고 한다. 세계무역기구 등이 주도하는 세계화는 여러 국가 간의 협상을 통해 전 세계적으로 무역자유화를 추구하는 것이라고 할 수 있다. 이에 비해 지역화는 지역주의를 기반으로 경제통합을 추구하는 경향을 띠며, 통합된 지역 내의 무역장벽을 없애고 자유무역을 추진한다. 이러한 지역화 현상에는 한 국가와 국가, 또는 한 국가와 여러 국가 사이에 맺어지는 '자유무역협정'도 포함된다. 상품의 생산과 소비의 범위가 한 나라의 경계를 넘어선다는 점에서 지역화는 세계화와 비슷한 형태라고 할 수 있다.

미국과 캐나다, 멕시코가 1992년에 맺은 북미자유무역협정(NAFTA)이 미국 중심의 지역화 현상이라면, 남미공동시장(MERCOSUR)이나 아세안 자유무역협정(AFTA) 등은 미국이나 선진국 중심의 지역화에 대항하여 특정 지역 국가들이 공동으로 경제적 번영을 추구하는 것이라 할 수 있다. 유럽연합도 미국이나 일본 중심의 세계경제 체제에서 유럽의 이익을 지키기 위한 경제공동체에서 출발하여 점차 그 결합의 강도를 높여온 것이다.

유럽의 경제적 통합을 보여주는 가장 중요한 진전이 바로 유럽 단일통화인 유로화라 할 수 있다. 유로화는 독일의 프랑크푸르트암마인에 본부를 둔 유럽중앙은행에서 발행하는데, 2006년을 기준으로 했을 때 유럽연합 25개국 가운데 12개국의 공식 화폐이다. 유럽중앙은행은 이들 유로화 통합 국가의 물가 안정과 단기 금리, 그리고 금융정책 등에 대한 집행권을 가지고 있다.

유럽연합은 또한 세금제도나 사회보장제도 등의 통일도 추구하고 있다. 그러나 아직 많은 나라에서 국민들이 자국의 자주성을 문제로 유로화 사용을 반대하는 것을 볼 때, 완전한 정치·경제적 통합에 이르기까지는 좀더 시간이 필요할 것으로 보인다.

국가 간의 자유무역협정, 이익인가 불이익인가?

'자유무역협정(FTA)'이란, 말 그대로 둘 또는 여러 나라 사이에 이루어지는 무역에 특혜를 부여하는 경제통합의 한 형태다. 그러나 이것은 단순히 무역관세의 철폐만이 아니라 금융, 서비스 및 지적 재산권 등의 영역에까지 광범위하게 적용된다.

우리나라가 맺은 최초의 자유무역협정은 2004년 4월에 발효된 한-칠레 자유무역협정이다. 이어서 한-싱가포르 자유무역협정이 2004년 11월에 타결되어 2006년 3월에 발효되었고, 스위스, 노르웨이, 아이슬란드, 리히텐슈타인으로 구성된 유럽자유무역연합(EFTA)과의 협상은 2006년 9월에 발효되었다.

이들 국가들과의 자유무역협정은 사실 큰 문제를 야기하지 않았다. 서로에 대한 경제적 의존도가 크지 않았기 때문이다. 그러나 미국과의 자유무역

2007년 한-미 자유무역협정이 체결되었다. 협정안은 양국 국회의 비준과 동의 절차를 거치게 된다.

협정 체결은 큰 논란을 불러일으켰다. 우리 경제의 미국 시장 의존도가 매우 크기 때문이다.

미국과의 자유무역협정에 찬성하는 사람들은 중국이나 일본과 같은 나라보다 먼저 미국과 자유무역협정을 체결해야 한다고 주장한다. 세계에서 가장 큰 시장인 미국에서 우리 기업들의 제품이 유리한 위치를 먼저 차지할 수 있고, 생산성이 높은 미국과의 경쟁을 통해 기업의 경쟁력을 높일 수 있다는 것이다. 이들은 섬유나 의복, 자동차 등의 전통적인 제조업 분야의 이익을 내세운다. 그리고 의료, 법률, 금융 등과 같은 서비스 분야에 대한 투자를 유치함으로써 이들 분야의 경쟁력을 향상시켜 좋은 일자리를 창출할 수 있다고 주장한다. 이들의 시각에 따르면 경제개방은 거스를 수 없는 세계적인 추세이다. 우리가 취약한 분야라고 해서 언제까지나 개방을 유예할 수는 없으므로 먼저 협정을 체결한 후 대책을 마련해나가야 한다는 것

자유무역협정에 반대하는 사람들은 무역자유화로 인한 피해와 그에 대한 대책 마련을 강조하고 있다.

이다.

이와 달리 미국과의 자유무역협정에 반대하는 사람들이 보기에는 1997년의 외환위기는 준비되지 않은 경제개방으로 나라를 위기로 빠뜨린 대표적인 사례이다. 이들은 오히려 미국이 가장 큰 시장이고 생산성이 높기 때문에 경제통합에 가장 신중해야 할 대상으로 여긴다. 그리고 미국과의 자유무역협정으로 얻을 수 있는 실익도 많지 않을 것이라고 주장한다. 이들은 우선 미국이 우위에 있는 농업과 서비스업 분야의 피해를 우려한다. 또한 제조업 분야에서도 실익은 크지 않다고 주장한다. 그리고 서비스업 등의 분야에서도 경쟁력이 커지기보다는 기존 국내산업이 위축될 수 있다는 것에 주목한다. 게다가 지금까지 대외개방에 따른 피해에 대한 대책이 충분히 마련되지 않았다는 점을 강조하고 있다.

반세계화 운동의 주장은 무엇인가?

    2005년 우리나라 농민들이 홍콩에 가서 시위를 하다 체포되었다. 농민들은 홍콩에서 열린 세계무역기구 각료회의에 반대하는 시위를 벌인 것이었다. 그런데 사실 이것은 우리 농민들만의 유별난 행동이 아니다. 선진 8개국(G8) 회의, 세계무역기구 회의가 열리는 곳이면 어디든 '반세계화'의 피켓을 들고 각국에서 모여든 시위 행렬을 볼 수 있다.

    이들은 세계무역기구나 국가 간 자유무역협정을 통해 이루어지는 교역 장벽 철폐가 궁극적으로는 미국 등의 강대국에 권력과 부를 집중시켜 국가 간의 빈부격차를 심화시킨다고 주장한다. 또 경쟁력이 없는 자국 산업의 몰락을 가져온다는 점에 대해 염려한다.

    이러한 시위가 세계적인 형태로 조직된 것은 1994년 1월 1일 멕시코 치아파스 주의 사파티스타 민족해방군이 북미자유무역협정에 반대하며 전 세

무역자유화를 추구하는 세계무역기구 각료회의가 열린 홍콩에서 우리나라 농민들이 삼보일배를 하며 시위를 벌였다.

계 수천 명의 활동가와 함께 신자유주의 반대 회의를 연 데서 비롯되었다.

운동이 본격화된 것은 1999년 미국 시애틀에서 열린 세계무역기구 3차 각료회의에 반대하며 벌인 시위 때였다. 그 당시 각료회의는 전 세계에서 모인 5만 명의 활동가들이 격렬한 집회를 벌이는 바람에 끝내 무산되기도 했다.

사실 세계화가 가져올 수 있는 위험에 대해 가장 심각하게 경험한 나라는 1990년대 말 경제위기를 겪은 우리나라와 몇몇 동남아시아 국가들이었다. 각종 무역장벽의 철폐로 자본의 이동이 자유롭게 되자, 세계적인 투기 자본들은 막대한 자금을 동원하여 우리나라를 비롯한 몇몇 나라들의 경제를 몇 년 동안 달궈놓았다. 그러나 위기의 징후가 드러나기가 무섭게 곧바로 자금을 회수하고 투자한 지역을 떠나버렸다. 갑작스런 투자자본의 유출은 심각한 경제위기로 이어졌고, 수많은 기업들이 파산하고 문을 닫았다.

실업은 급증했고, 수십 년에 걸친 경제발전의 성과는 불과 몇 달 만에 물거품이 되고 말았다. 하지만 이때는 이미 서구의 대규모 투기자본들이 큰돈을 벌어들인 뒤였다.

이렇게 자유롭게 국경을 넘나들며 부를 쓸어가는 국제금융자본에 맞서기 위해 한편에서는 이에 대한 저항운동이 조직화되었다. 그중의 하나가 바로 1998년 6월 프랑스에서 시작된 국제적인 반세계화 운동 아탁(Attac)이다. 풀이하자면 "시민에게 이익이 되도록 국제금융거래에 세금을 부과하자는 사람들의 연합"으로, 현재 각국의 수많은 시민단체와 활동가들이 연대하고 있다. 우리나라의 농민들도 사실 이들과 연대해서 투쟁하기 위해 홍콩까지 간 것이었다. 아탁은 또한 우리나라의 스크린쿼터 축소 반대운동에 대해서도 연대와 동조의사를 표현하고 있다.

아탁은 국제금융자본에 대해 민주적인 통제가 이루어져야 하고, 단기적

세계화를 반대하는 사람들은 지나친 무역자유화와 경제개방으로 인해 제3세계의 빈곤이 심화되고 불평등이 확대된다고 말한다.

인 국제투기자본이 국경을 넘을 때마다 세금을 부과하여 극빈국을 지원해
야 한다고 주장한다. 이러한 주장은 미국의 경제학자 제임스 토빈(James
Tobin)의 제안에 근거한 것으로, 이를 '토빈세'라고 한다.

세계경제가 위험에 처하면 어떤 일이 일어날까?

주식시장의 시세가 다시 연중 최하로 곤두박질하면, 주식투자자들은 이러한 시세하락이 훨씬 더 큰 경제위기의 전조일지도 모른다는 불안에 휩싸이게 된다.

세계경제의 위기는 자주 있는 것은 아니지만, 그렇다고 안심할 수 있는 것도 아니다. 지금도 경제계에서는, 언젠가는 중국에서 비롯되는 세계경제의 위기가 올지도 모른다는 우려가 끊이지 않고 있다. 그리고 한편에서는 미국의 경상수지 적자가 언젠가는 달러화의 붕괴와 함께 세계경제의 위기를 초래할 것이라는 끔찍한 시나리오도 늘 이야기되고 있다.

한편 경제계에서는 보통 소리 없이 다가와 별안간에 모든 주주와 투자자들을 엄습하는 끔찍한 유령과도 같은 상황을

> '수지'란 수입과 지출을 아우른 말로, 한 나라가 일정기간 동안 외국과 거래하여 주고받은 금액의 차이를 '국제수지'라고 한다. '경상수지'는 이 국제수지 가운데 주로 상품의 거래, 그리고 해외여행이나 유학 등과 같은 서비스 거래 부분을 말하는 것이다.

1929년 10월 24일 목요일에 역사상 가장 심각한 경제위기가 발생했다. 뉴욕 월스트리트의 주가폭락의 영향은 곧 전 세계로 파급되었다.

'검은 목요일'이라고 부른다. 최초이자 최대 규모의 세계적 경제위기가 바로 1929년 10월의 어느 목요일에 뉴욕 월스트리트의 주식시세가 폭락하면서 야기되었기 때문이다. 유례를 찾아볼 수 없을 정도로 팔자 주문이 쇄도하자 과거의 호황은 순식간에 물거품이 되어버렸고, 수백만 달러의 재산이 불과 며칠 만에 사라지고 말았다. 이 위기는 미국을 휩쓸고 곧이어 유럽을 강타했는데, 실제로 한 나라의 경제위기가 세계적인 위기로 이어질 수 있다는 것을 최초로 증명해 보인 것이었다. 결국 이러한 경제위기로 수백만 명의 사람들이 직장을 잃게 되었고, 산업생산이 감소하면서 미국과 유럽의 경제는 오랜 불황에 빠지게 되었다.

또 한 번의 위기는 1987년 뉴욕 주식시장의 주식시세가 급락하면서 발생했는데, 불과 며칠 만에 세계 주요 주식시장의 주식시세가 23퍼센트나 떨어졌다. 그러나 주요 선진공업국들의 은행과 금융시장 그리고 정부는 이번에는 발 빠르게 대응했다. 곧바로 주식거래를 중지시키고, 은행들로 하여금 매수 주문을 냄으로써 주식시세의 추가하락을 가까스로 막을 수 있었다. 그리고 마침내 이러한 노력이 결실을 맺어 주식시장은 1년 만에 회복될 수 있었다.

2000년대에 들어서면서는 각국의 금융제도의 허점이 보완되기 시작했고, 전 세계적인 금융위기에 대한 가능성은 점차 줄어들고 있다. 이러한 위기를 초래할 수 있는 요인들에 대한 예측이 가능해지고, 그 정보가 사전에 시장에서 걸러지게 되었기 때문이다. 그러나 이러한 위기가 발생할 수 있는 길을 완전히 봉쇄한다는 것은 아직까지는 쉽지 않은 일이다.

그린이

아나벨레 폰 슈페르버Annabelle von Sperber   함부르크 조형전문대학에서 아동도서 일러스트레이션을 전공했고, 여러 출판사와 잡지사에서 프리랜서 일러스트레이터로 일하고 있다.

최진혁   프리랜서 일러스트레이터로 《국어 실력이 밥 먹여준다》《알기 쉬운 토지공개념》《과학원리로 떠나는 창의력 여행》 등의 도서에 일러스트 작업을 했다.

옮긴이

신홍민   한국외국어대학교 독일어과를 졸업하고, 동대학원 독문학 박사 학위를 받았다. 한국외국어대학교, 서울시립대학교, 성신여자대학교에서 독일 문학을 강의했다. 현재 덕성여자대학교, 대진대학교 겸임교수로 독일 문학과 동화를 강의하고 있으며, 전문 번역가로 활동 중이다. 옮긴 책으로는 《폭력의 기억, 사랑을 잃어버린 사람들》《사랑의 매는 없다》《부모와 아이 사이》《형제》 등이 있고, 어린이 문학 작품으로 《평화는 어디서 오는가》 이외에 다수가 있다.

세상이 보이는 지식 ❶
청소년 경제 수첩

1판 1쇄 발행 2007년 8월 14일 | **1판 12쇄 발행** 2017년 3월 16일

지은이 크리스티네 슐츠-라이스·한대희 | **그린이** 아나벨레 폰 슈페르버·최진혁 | **옮긴이** 신홍민
펴낸이 조재은 | **펴낸곳** (주)양철북출판사 | **등록** 제25100-2002-380호(2001년 11월 21일)
편집 박선주 김명옥 | **디자인** 육수정 | **마케팅** 조희정 | **관리** 정영주
주소 서울시 마포구 양화로8길 17-9 | **전화** 02-335-6407 | **팩스** 0505-335-6408
ISBN 978-89-90220-67-7 43320 | **값** 9,000원

사진 제공 : Keystone Bildagentur, 경향포토, 미디어오늘 이창길 기자, 부안독립신문, 연합뉴스, 울산매일신문, 중앙포토, 참여연대, 환경운동연합 박종학

카페 cafe.daum.net/tindrum **블로그** blog.naver.com/tin_drum
페이스북 facebook.com/tindrum2001

※ 잘못된 책은 바꾸어 드립니다.